Andrea Sommerer

Liebe, Glück und Schwiegermütter

Eine schicksalhafte Begegnung

Als Toni sie zum ersten Mal erblickte, war ihm tatsächlich, als hätte er einen elektrischen Schlag bekommen.

Er stand erstarrt inmitten der lauten Musik und des bunten Getümmels auf dem Volksfestplatz und beobachtete sie, völlig fasziniert von ihrem Aussehen, denn er war sicher, nie ein schöneres Mädchen gesehen zu haben, und er war bezaubert von ihrem Lächeln und der Selbstsicherheit, die sie ausstrahlte.

Er dachte: So ist das also. Und voller Erstaunen: Das gibt es wirklich, unglaublich, dass es einen so erwischt, von einem Moment zum anderen. Bis vor wenigen Sekunden hätte er es nicht für möglich gehalten, aber es gab sie also wirklich, die viel gerühmte Liebe auf den ersten Blick.

Ihm selber nicht bewusst, erschien ein glückliches Grinsen auf seinem Gesicht. Er konnte nicht anders, am liebsten wäre er vor Glück jubelnd herumgehüpft. Dass er eigentlich auf dem schnellsten Weg zu seinen Freunden ins Bierzelt wollte, hatte er total vergessen.

Das Mädchen hatte ein tolle Figur. Sie trug eine enge blaue Jeans, eine weiße Bluse mit kleinen roten und blauen Punkten darauf. Ein breiter roter

Gürtel betonte ihre schmale Taille. Ein kleines blaues Täschchen hing an einem langen Riemen von ihrer Schulter. Gerade streckte sie sich, ein langes Bein schwang hin und her, ihr rechter Arm holte aus, probierte einige Schwünge, und dann ließ sie den Ball los, der auch wie beabsichtigt mitten in die aufgebaute Dosenpyramide flog und sie krachend einstürzen ließ.

Das Mädchen klatschte begeistert in die Hände, machte zwei übermütige Sprünge in die Luft, so dass ihr dunkelblondes schulterlanges Haar tanzte. Dann umarmte sie lachend eine ihrer beiden Freundinnen, die mit ihr hier auf diesem Volksfest in Angerburg unterwegs waren.

Toni wünschte brennend, er wäre an der Stelle dieser Freundin.

Sie bekam vom Betreiber der Wurfbude zwei kleine Becher aus bemalter Keramik zur Auswahl vorgelegt, einen mit einer rosafarbenen, den anderen mit einer blauen Rose darauf.

»Die blaue Rose gefällt mir besser!«, entschied sie schnell.

»Die passt zu ihren wunderbaren blauen Augen, schöne Frau«, erwiderte der Schausteller galant und überreichte den Preis.

Sogar der Schausteller sah ihr lächelnd nach, stellte Toni fest, während er ihrer hellen, klingenden Stimme hinterherhorchte.

Das Mädchen und ihre Freundinnen wanderten weiter und Toni heftete sich, wie magisch angezogen, an ihre Fersen, ließ SIE keine Sekunde aus den

Augen. Er ging schneller, fest entschlossen, sich auf irgendeine Art mit ihr bekannt zu machen.

Die drei Mädchen diskutierten eben, ob sie mit dem – in dem kleinen niederbayerischen Städtchen Angerburg gar nicht so riesigen – Riesenrad fahren sollten.

SIE wollte nicht. »Das ist doch fad. Ich will lieber Autoscooter fahren.«

»Erst Riesenrad, dann Autoscooter«, versuchte die eine Freundin sie zu überreden.

Da kamen mit lautem Hallo zwei junge Burschen dazu, wurden freudig begrüßt und zum Riesenrad fahren überredet.

Die zwei Freundinnen und die jungen Männer stiegen ein, SIE blieb allein, wollte noch immer nicht.

Toni ergriff seine Chance, war mit einem langen Schritt neben ihr. »Hallo, grüß dich. Ich hab' eben mitgekriegt, Autoscooter ist dir lieber, mir auch. Wie wär's?«, fragte er betont forsch.

Helle blaue Augen musterten ihn eine ganze lange Sekunde, fast etwas hochmütig und gar nicht erbaut.

Schließlich antwortete sie kühl: »Ich wüsste nicht, dass wir uns kennen«, drehte sich um und marschierte los.

Toni hatte in ihre blauen Augen gesehen, ein paar Sommersprossen auf ihrer Nase bemerkt, ihre vollen Lippen und ihre schönen, geraden Zähne. Er lief neben ihr her. »Das lässt sich ändern. Also, ich bin der Toni.«

Sie schlenderte scheinbar ungerührt weiter, immerhin in eher mäßigem Tempo.

»Also Anton natürlich, eigentlich. Aber meine Spezeln sagen alle Toni zu mir«, erklärte er eifrig.

Sie warf ihm einen spöttischen Blick zu. »Wäre ich nie drauf gekommen.«

Toni war überhaupt nicht beleidigt, sondern im Gegenteil glücklich, überhaupt eine Antwort aus ihr herausgelockt zu haben.

»Was ist jetzt, fahren wir Autoscooter?«

»Wir?« Wieder traf ihn dieser spöttische, selbstbewusste Blick. »Wenn ich Autoscooter fahre, dann fahre ich selber, klar?«

»Klar, nichts dagegen. Ich bin ein absolut perfekter Beifahrer – Nerven wie Drahtseile!«, pries er sich selber.

Und das Wunder geschah. Sie lachte auf, nein, sie lachte ihn an und ging mit ihm zur Autoscooterbahn. »Dann los, Toni.«

Toni war selig, bezahlte aufgeregt einige Chips und schaute dabei immer wieder zu ihr hin, ob sie auch wirklich dablieb.

Sie blieb, beobachtete amüsiert den eben stattfindenden Massencrash, weil so gut wie alle Fahrer ein und denselben Wagen gejagt hatten und schließlich einen einzigen, verknäuelten Haufen bildeten, nichts ging mehr. Einige Fahrer kurbelten wild, um rückwärts aus der Massenkarambolage herauszukommen, und die wilde Jagd begann von vorn.

SIE fieberte richtig mit, stellte Toni aufmerksam

fest. Als alle Autoscooter langsamer wurden und abstoppten, zeigte sie auf eines der bunten Fahrzeuge. »Ich will das pinkfarbene!«

Toni stürmte darauf zu, aber sie war genauso schnell und besetzte den kleinen, in knalligstem Pink gehaltenen Wagen gerade eben vor anderen Interessenten und setzte sich ans Lenkrad. Sie hielt ihre Hand auf. »Chip?«

Er legte einen in ihre Finger, schmale, feingliedrige Finger, die energisch zupackten und den Chip in den Schlitz drückten.

In dem kleinen, engen Gefährt berührten sich zuweilen ihre Schultern und Toni spürte die Wärme ihrer Haut. Er legte den Arm über die Rückenlehne auf ihrer Seite und sah sie an. Ihre Augen blitzten, ihr Mund lachte, während sie im Slalom durch die Bahn kurvten und von jedem Anrempler durchgerüttelt wurden.

Sie sagte etwas zu ihm, aber die Musik und der allgemeine Lärm waren so laut, dass er nichts verstand. »Was ist?« Er lehnte sich ganz nah zu ihr hin, schrie in ihr Ohr.

Sie drehte ihm ihr Gesicht zu. »Toll, nicht? Ich mag die Crashs!«

Er nickte nur heftig, völlig gefangen von ihrer pure Fröhlichkeit ausstrahlenden Miene und stellte fest, dass sogar ihre Augen lachen konnten. Und ihre Nase, eine schmale, schöne Nase, hatte viele winzige Sonnensprossen. Sie gefiel ihm von Minute zu Minute besser.

Kurz hintereinander wurden sie von zwei Seiten

heftig gerammt. Er legte ganz automatisch in einer Geste der Fürsorglichkeit den Arm um ihre Schultern.

Sie sah ihn strafend an – was der sich gleich einbildete! –, schüttelte den Kopf und drückte mit ihrer Schulter seinen Arm zurück. Toni zog ihn weg, hob entschuldigend die Handfläche und achtete darauf, sie nicht mehr zu bedrängen. Sie kurbelte schnell am Lenkrad, um aus dem Knäuel ineinander gefahrener Autoscooter freizukommen.

Ein weiterer Chip folgte dem ersten. Sie hatte immer noch ihren Spaß an der Fahrt.

Toni registrierte nichts von der lauten Musik ringsum, von den vielen grellen Lichtern, von den Menschen, die nun am Abend immer mehr wurden.

Er beobachtete fasziniert und mit einem wilden, aufregenden Glücksgefühl das Mädchen neben sich. Sie fuhren eben an der Bande vorbei, schattenhafte Figuren, die er nicht beachtet hatte, riefen »Lotte, Lotte«, winkten und hüpften herum. Da winkte sie ebenfalls und lachte ihren Freunden zu.

Lotte hieß sie also. Lotte. Er probierte den Klang des Namens leise aus.

Der letzte Chip war abgelaufen. Wieder einmal standen alle Autoscooter still und Toni wachte aus seinen Gedanken auf, als sie, Lotte, ausstieg.

»Danke. War ganz toll!«, rief sie ihm zu und eilte auf die Gruppe ihrer Freunde zu.

Toni rannte ihr unverzüglich nach. Zu den zwei Freundinnen und ihren Freunden war ein dritter junger Mann gekommen, der Lotte mit den Worten: »Na endlich, da bist du ja!«, empfing und den Arm um ihren Rücken legen wollte. Lotte verhinderte es mit einem geschickten, wie zufällig gemachten Schritt zur Seite. »Ja, da bin ich. Und was machen wir jetzt? Langsam hab ich Hunger und Durst.«

»Okay, also ins Bierzelt.«

Durch die dichter gewordene Menschenmenge, vorbei an verführerisch süß duftenden gebrannten Mandeln, Schaubuden, Schaukeln und einem Kettenkarussell, bummelten sie zum Festzelt. Lottes spezieller Begleiter warf Toni einen irritierten Blick zu, als er sich ihnen anschloss. »Wer ist das?«, fragte er Lotte und deutete mit dem Kinn.

Lotte schaute zu Toni hin, lächelte vor sich hin, zuckte die Achseln und erwiderte: »Toni. Er mag Autoscooter.«

Der junge Mann versuchte wieder seinen Arm besitzergreifend um Lottes Schultern zu legen. Sie jedoch schlüpfte unter ihm durch. »Sieh zu, dass wir einen guten Platz im Bierzelt bekommen!«, sagte sie und schob ihn voran.

Mit einem langen Schritt war Toni neben ihr. »Hast du morgen wieder Lust, Autoscooter zu fahren?«

»Weiß nicht. Vielleicht. Vielleicht auch nicht.«

»Also ich bin morgen wieder da, okay?«, schrie er über die dröhnende Musik im Bierzelt hinweg.

Sie zuckte die Schultern. »Mal sehen.« Er hörte es weniger, als dass er es von ihren vollen roten Lippen ablas. Das Bierzelt war bereits überfüllt, die laute Blasmusik kämpfte gegen das Stimmengewirr um Gehör.

Im Gedränge zwischen den Bänken und Tischen verlor er die Gruppe um Lotte aus den Augen. Bedauernd wandte er sich der nordöstlichen Zeltecke zu, wo er und seine Spezeln aus dem Dorf Irzing ihren Stammplatz hatten. Die Irzinger trafen sich seit jeher an dieser Ecke, ob alt oder jung, einzeln oder mit Familie, Burschenverein, Freiwillige Feuerwehr oder Katholischer Frauenbund, hier saß zusammen, was zur Landgemeinde Irzing gehörte. In Ausnahmefällen wurden auch Bekannte aus anderen Dörfern oder der Stadt Angerburg dazu eingeladen.

Toni wurde mit einem allgemeinen Hallo begrüßt und mit der neugierigen Frage, wo zum Teufel er sich herumgetrieben hätte. »Auf einmal warst du verschwunden. Da, setz dich her, wir rutschen zusammen.«

Toni wollte eben der Aufforderung nachkommen, blickte sich noch einmal um – und erspähte erneut Lotte. Nur wenige Meter hinter ihm wartete ihre Gruppe auf frei werdende Plätze.

Toni verschmähte den ihm angebotenen Sitzplatz und bestand gegen alle Proteste darauf, sich auf die gegenüberliegende Bank zu quetschen, damit er Lotte im Blickfeld hatte. Er beobachtete sie den Rest des Abends, blieb seinen Spezeln die meisten Antworten schuldig.

»He, Toni, schläfst du heut' mit offenen Augen?«, wurde er gefragt.

Aber auch das bekam er nicht richtig mit, weil er eben den Aufbruch von Lotte und ihren zwei Freundinnen beobachtete, die sich allen Überredungskünsten ihrer männlicher Begleitung zum Trotz verabschiedeten und das Zelt verließen.

Toni schaute den beiden nach. Da drehte sich Lotte noch einmal um, ihre Blicke trafen sich und Toni war sicher, sie hatte IHM zugelächelt. Am liebsten wäre er vor Freude in die Luft gesprungen. Sie hatte IHM zugelächelt! Und – Lotte ging mit den Freundinnen weg, nicht mit dem Burschen, der so vertraut mit ihr getan hatte!

»So, ich trink meine Radlermaß aus, und dann fahr ich heim. Wer will, kann mitfahren«, verkündete er.

»Was? Jetzt schon?«

»Na klar. Was meinst, wie früh ich morgen wieder raus muss.«

Toni und zwei Spezeln fuhren zurück nach Irzing. Die Scheinwerfer durchschnitten die dunkle Nacht auf der Landstraße, seine Freunde sangen bierselig und Toni träumte vor sich hin, träumte von Lotte und von einem Wiedersehen mit Lotte.

Am nächsten Tag beeilte er sich, um recht früh am Abend wieder auf dem Volksfestplatz zu sein. Er kam erwartungsvoll an, aufgeregt vor Vorfreude. Er umrundete den Platz, schaute ins Bierzelt, ließ seine Augen ständig wandern, vergaß keine Ecke.

Keine Lotte.

Na ja, sie würde erst später kommen. Also schlenderte er ziellos herum, die Blicke immer auf dunkelblonde junge Mädchen gerichtet, weder Fahrgeschäfte noch die angebotenen leiblichen Genüsse interessierten ihn im Geringsten.

Da er ständig suchend den gesamten Platz abging, war er einigen Irzingern mehrfach begegnet. Der Babette, Rentnerin und Mesnerin von Irzing, lief er bereits zum dritten Mal über den Weg. Klein, zäh, mit scharfen Augen, spitzer Nase, spitzem Kinn und einem kleinen Schopf auf dem Hinterkopf, beobachtete sie ihn. Er schaute emsig herum, stellte sich zwischendurch auf die Zehenspitzen, um die Menschenmenge besser überblicken zu können. »Wen der bloß sucht?«, wunderte sich die Babette, die ihre neugierige Nase in alles steckte und üblicherweise sogar das Gras wachsen hörte. Ihre Füße machten ganz automatisch ein paar schnelle Schritte, um ihm zu folgen und möglichst herauszubringen, wen der Toni so dringend suchte.

»He, Babette, wo willst du denn hin?«, rief die Fischer Res schnaufend, die schwer auf ihren Gehstock gestützt mit Babette gemeinsam auf dem Platz war und nur noch den Wunsch hatte, möglichst schnell einen Sitzplatz im Bierzelt zu finden.

Mit dem allergrößten Bedauern kam Babette zur Res zurück und rätselte noch lange darum herum, was ihr an Interessantem entgangen sein könnte.

Jedoch, es entging ihr nichts. Nach ungezählten Runden um und über den Platz gab Toni bitter enttäuscht auf. Im diffusen Licht der grellen, bunten Lichter war eine weitere Suche zwecklos.

Keine Lotte.

Auf dem Weg nach Hause schwor er sich, am nächsten Tag erst gar nicht aufs Volksfest zu gehen.

Aber als es dann später Nachmittag wurde, eilte er sich wieder sehr mit seiner Arbeit und sagte sich, das Volksfest dauerte ja nur noch heute und morgen, da musste er doch hin, oder?

Und noch früher, als an den beiden vorangegangenen Tagen, wanderte er wieder über den Platz. Nach noch nicht einmal einer halben Runde sah er sie. Lotte war da, stand allein, ohne Anhang, beim Autoscooter.

»Hallo, Lotte. Servus.«

Sie drehte sich ihm zu, kein bisschen überrascht, ganz ruhig. »Hallo, Toni.«

Toni schaute sie an, konnte es gar nicht fassen, dass er sie so schnell gefunden hatte, fand sie noch reizender, schöner, wunderbarer, als er sie in Erinnerung hatte. »Das freut mich aber, dass du meinen Namen noch weißt.«

»Oh, ich hab einen Onkel mit demselben Namen.«

»Aha. Hm. Magst wieder Autoscooter fahren?«

Sie überlegte kurz. »Nein. Erst mal herumgehen.«

Und so gingen sie gemeinsam los. »Der Schießstand! Schießen will ich ausprobieren.« Lotte holte ihren Geldbeutel aus der Tasche.

»Ich zahl für dich.«

»Nein. Ich schieße selber und ich zahle selber!«, beschied sie ihn.

»Okay.«

Lotte hatte drei Schüsse gekauft, zielte jedesmal sorgfältig und schoss jedesmal daneben. »Verdammt!«

»Jetzt probiere ich es.« Toni schoss das erste Mal daneben, traf beim zweiten Mal fast und dann traf jeder Schuss. Er bekam einen Anstecker, einen roten Marienkäfer mit vier schwarzen Punkten darauf. Er überreichte ihn Lotte. »Da. Für dich. Er soll dir Glück bringen.«

»Danke. Das kann ich brauchen. Ich will, verdammt noch mal, selber treffen.« Sie bezahlte noch einmal.

»Okay. Pass auf, ich erkläre es dir.« Er prüfte das Gewehr, flüsterte ihr zu, es wäre etwas verzogen, und sie müsste deshalb einige Millimeter nach links zielen.

Lotte tat es und traf.

Sie strahlte, zielte erneut, daneben.

Am Ende gewann sie einen beigen Teddybär, einen sehr kleinen Plüschanstecker, aber immerhin. Sie war sichtlich stolz auf sich und drückte das Bärchen an ihren Hals.

»Jetzt will ich mit dem Riesenrad fahren.«

»Ich dachte, das magst du nicht?«

»Vorgestern nicht. Da war so diffuses Licht. Heute ist es klar, man sieht weit.«

Sie bekamen eine Kabine zu zweit. Lotte setzte sich ihm gegenüber. Sie fuhren erst einmal stückweise nach oben, zeigten sich gegenseitig die markanten Punkte der Stadt und ihrer hügeligen Umgebung.

»Siehst du den Wald dort drüben und die Bergkuppe, wo die Kapelle drauf steht? Da gibt's schöne Radwege. Ich mache gern Radtouren mit meinen Freundinnen.«

»Hm. Schau hier auf die andere Seite. Siehst du die Kirchturmspitze, die in der Ferne? Daneben sind hohe Bäume und dahinter steht ein dunkler Waldstreifen – da komme ich her.«

»Was? Aus einem Dorf?«, fragte Lotte erstaunt und musterte sein Gesicht. Er sah irgendwie nicht nach Dorf aus.

»Ja, aus Irzing.«

»Oh, da bin ich auch einmal mit dem Rad durchgefahren.«

»Hat es dir gefallen?«

»Oh, ich weiß nicht recht. Es ist schon länger her. Ich hab nicht sonderlich aufgepasst. Einen kleinen Laden gibt's dort, neben der Kirche, nicht? Wir haben uns ein Eis drin gekauft.«

»Bei der Kramerin, der Kathl. Ich wohne mehr am Rand von Irzing, auf einem Bauernhof.«

Lotte sah ihn prüfend an. »Auf einem Bauernhof? Bist du auch ... Bauer?«

»Ah, ja, könnte man sagen.« Es tat ihm leid, dies zu so einem frühen Zeitpunkt ihres Kennenlernens zugeben zu müssen. Hübsche junge Mädchen aus der Stadt hielten oft nicht viel von einem Landwirt. Hübsche junge Mädchen vom Land übrigens auch nicht. Toni beobachtete ihre Reaktion. »Hast du was gegen Bauern?«

»Nein, nein«, versicherte sie eilig. »Ich hab nur

nicht gedacht, dass du Bauer sein könntest. Du siehst irgendwie nicht danach aus.«

»Ach? Wie sehen Bauern denn deiner Meinung nach aus? Mit Kuhmist an den Schuhen?« Er hob seine Füße hoch, die in etwas staubigen, aber ansonsten sauberen Sportschuhen steckten.

Lotte zuckte die Achseln. Sie bemerkte, dass er gekränkt war, und das wollte sie nicht. »Nein. Eigentlich kenne ich keine Bauern«, gab sie zu.

Die Kabine ruckte erst schaukelnd vorwärts, dann fuhr das Riesenrad langsam an.

»Meine Großeltern waren Bauern und Wirtsleute im Bayerischen Wald. Wir haben dort noch Verwandte. Die führen inzwischen ein kleines Hotel, weil man mit dem Fremdenverkehr mehr verdient«, erzählte sie.

Er runzelte die Stirn.

»Aber meine Mutter sagt, früher, als sie daheim noch Bauern waren, hat es ihr dort besser gefallen«, versuchte sie ihre unbedachten Worte wieder gutzumachen. Zum ersten Mal sah sie ihn ganz genau an. Toni war wirklich ein gut aussehender junger Mann, fand sie, von einem Städter kaum zu unterscheiden. Schlank, wenig mehr als mittelgroß, braune, kurze Haare, eine breite Stirn, nette, graue Augen, eine gerade Nase, etwas spöttisch verzogene Lippen über einem festen, angespannten Kinn. Eigensinnig, fiel Lotte dazu ein. Sicher konnte er sehr eigensinnig sein. Seine Hände mit den breiten, kräftigen Fingern, denen man seinen Beruf vielleicht am ehesten ansah, lagen gespreizt auf seinen

Knien, während er die Musterung über sich ergehen ließ. Seine Nägel waren sehr kurz geschnitten und ganz sauber, bemerkte Lotte.

»Und?«, fragte er schließlich, räusperte sich. »Wie ist jetzt das Ergebnis der Inspektion ausgefallen?« Dabei errötete er leicht.

»Hm.« Lotte registrierte, wie sich die Röte in seinen Wangen vertiefte und ließ sich Zeit mit ihrer Antwort. »Eigentlich …«, wieder zögerte sie, »eigentlich gar nicht übel.« Sie grinste ihn an.

Man merkte ihm die Erleichterung über das positive Urteil an. Er richtete sich unwillkürlich auf, lehnte die Schultern entspannt an die Lehne.

Sie fuhr, ihn immer noch mit Blicken abtastend, fort: »Genau genommen könntest du mir direkt gefallen.«

»Oh.« Er wusste nicht recht, ob sie es ernst meinte.

»Ja.« Lotte nickte ihm ernsthaft zu. »Vor allem, wenn du dir einen Schnurrbart wachsen ließest. Ich finde Schnurrbärte unglaublich toll.«

»Was?« Er beugte sich verblüfft vor, fragte sich, ob er sie richtig verstanden hätte. Die schaukelnde Riesenradkabine war eben unten angekommen und in den Lärm und die Musik auf dem Platz eingetaucht. Sie fuhr wieder nach oben.

Lotte lachte fröhlich auf. »Ja, wirklich. Mir gefallen Schnurrbärte.«

»Hm.« Toni fuhr mit dem Finger über die beanstandete Partie seines Gesichtes. »Na ja, dann lasse ich mir einen wachsen.«

Lotte war beeindruckt. »Echt, das würdest du für mich tun?«

»Na klar. Ist doch nichts dabei.«

Lotte lachte auf, schüttelte ein bisschen ungläubig den Kopf und dachte, das ist ja ein richtig netter Kerl.

Das Riesenrad drehte seine Kreise, und als sie das nächste Mal nach oben sausten, fragte sie: »Wie alt bist du eigentlich?«

»23. Und du?«

»Älter! 24, bald 25.«

»Ich hätte dich auf höchstens 20 geschätzt.«

»Danke. So was hört man gern.« Sie war geschmeichelt.

Das Riesenrad wurde langsamer, es ging stückchenweise nach unten.

Er fragte: »Was machst du? Beruflich, meine ich?«

»Ich bin Zahntechnikerin.«

»Oh? Gebisse machen?«, fragte er überrascht und verzog gleichzeitig ein wenig das Gesicht, meinte verunsichert: »Schöner Beruf?« Man sah ihm an, dass er das nicht für möglich hielt.

Lotte antwortete ganz selbstverständlich: »Ja. Macht mir viel Spaß.«

»Tatsächlich? Hm. Aber man arbeitet immer drinnen, wenn es draußen noch so schön ist. Wär nichts für mich.«

»Ha. Bei unserem Wetter. Das halbe Jahr Winter und im Sommer oft Regen. Da ist es bei uns im Labor sehr angenehm.«

Ihre Kabine war unten angekommen.

»Noch mal?«, fragte Toni.

Sie schüttelte den Kopf, stand bereits auf. Zusammen gingen sie weiter.

»Du bist also ein richtiger Bauer? So mit Kühen und Schweinen und Enten und Hühnern?« Er lachte. »Ach nein. Ich glaube, das gibt es heutzutage nur noch selten. Man muss sich spezialisieren, sonst wird man mit der vielen Arbeit nicht mehr fertig. Wir haben Milchkühe mit Kälbern und Nachzucht und Ackerbau.«

»Und sonst nichts? Keine Hühner, Ziegen, Schafe oder Pferde und so?«

»Nein. Nicht mehr. Würde viel Arbeit machen und nichts einbringen.«

»Schade. Ich stelle es mir schön vor mit vielen Tieren um sich herum zu leben.«

»Romantisch womöglich, was? Nein, so ist es nicht. Aber sie hat was für sich, die Landwirtschaft. Man ist sein eigener Herr und Meister. Ich würde gern dabei bleiben, aber …«

»Aber?«

Er zuckte die Schultern. »Viel Arbeit, wenig Geld. Wenn die Zeiten noch schlechter werden, kann es mir passieren, dass ich eines Tages total umsatteln muss, nicht nur dazuverdienen, wie jetzt.«

»Was machst du dann?«

»Ach, da finde ich schon was. Ich kenne mich gut mit Maschinen aus, fahre alles, was auf vier Rädern läuft, ob Traktor, LKW oder Baumaschinen«, erklärte er mit großem Selbstbewusstsein. »Wie wäre es jetzt mit Autoscooter? Du darfst natürlich chauffieren.«

»Sehr großzügig. Da kann ich natürlich nicht nein sagen.«

»Du fährst wohl gern Auto?«

»Ja. Aber ich hab sehr selten Gelegenheit dazu.«

»Wieso?«

»Ich hab kein eigenes Auto, ich fahre eigentlich immer mit dem Fahrrad.«

»Aha. Aber ... dein Vater? Lässt er dich nicht ans Steuer?«

Lotte zögerte. Warum ihm überhaupt so viel über sich erzählen? Aber er wirkte ehrlich interessiert und nett und so antwortete sie: »Meine Eltern sind seit langem geschieden. Ich fahre manchmal mit dem Auto meiner Mutter. In der Stadt ist das Fahrrad sowieso viel praktischer, da hat man nie Parkplatzprobleme.«

»Stimmt auch wieder.«

Lotte kurvte wieder mit großem Vergnügen auf der Bahn herum. Die Anrempler waren diesmal besonders zahlreich. Zu Tonis großer Zufriedenheit wehrte Lotte seinen stützenden Arm an ihrer Rückenlehne nicht mehr ab.

Sie vergnügten sich bis Mitternacht auf dem Volksfest, dann fand Lotte, es wäre Zeit für sie, nach Hause zu gehen.

»Gehen? Ich fahre dich natürlich. Mein Auto steht drüben auf dem großen Parkplatz.«

»Nein, nicht nötig. Ich wohne doch nur wenige hundert Meter weit weg.«

»Oh. Dann begleite ich dich selbstverständlich.«

»Gut.«

Sie verließen den Festplatz. Lärm und Musik wurden leiser, außer ihnen war nur noch eine weitere kleine Gruppe von Leuten in der schmalen Wohnstraße unterwegs. Einzelne Straßenlampen erleuchteten eng beieinander stehende, schmale, zweistöckige Reihenhäuser mit kleinen Vorgärten und Garagen dazwischen.

Lotte schlang ihre dünne Jacke enger um sich.

»Friert es sich?« Toni zog sogleich seine eigene Jacke aus und wollte sie ihr umlegen.

»Nein, nein, es geht schon. Außerdem sind wir angekommen. Hier wohne ich.«

Sie blieb vor der Hausnummer 17 stehen, vor einer hölzernen Haustür mit Glaseinsätzen, zwei Briefkästen daneben. Er beugte sich vor, um die Namen zu entziffern.

Lotte lehnte sich an den Türstock und deutete mit dem Finger auf den einen. »Hartinger. Das sind wir, meine Mutter und ich. Wir wohnen ganz oben unter dem Dach.«

Toni trat einen Schritt zurück und schaute am Haus hinauf. »Mit Balkon?«

»Ja. Meine Mutter liebt Blumen. Die ganze Wohnung ist voll damit.«

Er lachte. »Meine Mutter hat auch einen Blumenfimmel. Sie hat einen Riesengarten, und vor der Haustür stehen jede Menge Kübelpflanzen.« Er lehnte sich an die andere Seite des Türstockes.

»Übrigens, ich heiße Thalhammer und daheim bin ich in Irzing beim Daller, so heißt man unseren Hof. Mmh. Kommst morgen wieder aufs Volksfest? Ich hole dich ab.«

»Nein, morgen nicht. Ich hab was anderes vor.«

»Schade, morgen ist der letzte Tag. Wann sehen wir uns dann wieder?«, fragte er drängend.

»Mmh. Nächstes Wochenende?«

»Das ist ja ewig lang hin!«

Lotte lachte. »Also dann am Mittwoch. Da hab ich, glaube ich, noch nichts vor.«

»Gut. Wann soll ich dich abholen?« Toni trat dicht vor sie hin.

Lotte überlegte. »Um sechs Uhr?«

Er hob die Arme. »Das schaffe ich gerade eben nicht, wegen der Stallarbeit, leider. Um sieben Uhr, okay?«

»Na schön.«

»Gibst du mir deine Telefonnummer?«

»Steht im Telefonbuch.«

»Unsere auch. In Irzing gibt's nur einen Thalhammer.« Er blieb stehen, machte keine Anstalten, sich zu verabschieden.

Lotte sperrte die Haustüre auf, öffnete sie, drehte sich noch einmal zu ihm um.

Toni stand dicht bei ihr. »Du wirst doch unsere Verabredung nicht vergessen?«

Lächelnd versicherte sie: »Aber nein. Außerdem kannst du mich ja jederzeit anrufen und daran erinnern, nicht?«

»Ja? Das tue ich, bestimmt.«

»Gut. Dann also Gute Nacht, Toni.« Sie trat ins Haus und zog die Türe langsam zu.

»Gute Nacht, Lotte. Du, Lotte ...« Er klopfte an die Haustür.

Lotte öffnete noch einmal einen Spalt breit. »Ja?«

»Du, wenn ich morgen Abend anrufe, bist du dann daheim?«

»Ab halb zehn, schätze ich.«

»Gut. Um halb zehn ruf ich dich an.«

Sie wünschten sich noch mal gegenseitig eine gute Nacht. Und wie er sie so liebevoll ansah, konnte Lotte nicht anders. Sie nahm den kleinen beigen Teddy, den sie beim Schießen gewonnen hatte, und schob ihn in die Tasche seines Jeanshemdes. »Du brauchst auch einen Glücksbringer, wie ich den Marienkäfer.«

Toni guckte erst sehr überrascht, dann strahlte er.

Lotte lächelte und verschwand schnell im Haus.

Er schaute noch einige Sekunden auf die geschlossene Türe, ging langsam rückwärts auf die Straße, beobachtete das Licht in den Fenstern des Treppenhauses, das erst an- und dann wieder ausging, und erst als nichts mehr zu sehen war, wanderte er tief in Gedanken davon. Den kleinen Teddy hielt er fest in seiner Hand.

Am nächsten Morgen wachte er mit einem zunächst undefinierbaren Glücksgefühl auf und dann fiel ihm Lotte ein. Lotte!

Er drehte sich wohlig im warmen Bett, hörte

draußen einen Traktor anspringen und erschrak. Ein Blick auf den Wecker – er hatte verschlafen, verdammt.

Mit einem Satz war er aus den Federn und gleich darauf in Hemd und Hose. Mit drei Sprüngen die Treppe hinunter, dann aus dem Haus und über den Hof in den Kuhstall.

»Na, auch schon da?«, begrüßte ihn der Vater mit hochgezogenen Augenbrauen.

Toni brummte nur und verteilte emsig das Silagefutter an die Jungtiere. Lotte war also Zahntechnikerin. Ob es ein Fehler gewesen war, ihr zu gestehen, dass er Bauer sei? Wäre es nicht besser gewesen, ihr nur von seinem Zweitberuf zu erzählen? Er arbeitete ja tatsächlich immer, wenn es die Arbeitssituation auf dem Hof zuließ, im Kieswerk des Grafen von Wiesing als Fahrer, Baggerführer – was eben gerade anfiel – oder über den Maschinenring für andere Bauern. Hätte ihr das mehr imponiert? Allerdings, er fühlte sich eben ganz als Bauer. Das war seine wahre Berufung, fand er und wollte eigentlich nichts anderes sein. Nur, die Zeiten waren eben nicht danach, der elterliche Hof für die moderne Massentierhaltung und Massenproduktion eigentlich nicht groß genug. Man kam gerade eben so durch, um den Familienbetrieb zu erhalten. Ein wirklicher Familienbetrieb: Die Großeltern, beide gingen auf die Achtzig zu, lebten mit im Haus und halfen, ihren Kräften entsprechend, noch immer mit. Die Oma werkelte im Haushalt und im Gemüsegarten, der Opa kümmerte sich um das Brennholz und machte allerlei andere, leichtere Arbeiten rund um den Hof. Vater und Mutter führten den Hof, derzeit noch als Vollerwerbsbetrieb mit Kühen, Kälbern und der Nachzucht. Dazu kamen der Anbau von Weizen, Gerste, Raps, Mais und ein Stück eigener Wald. Bisher hatte das zur Versorgung der Familie gereicht. Aber der Vater versuchte seine zwei Söhne auf die Zukunft gut vorzubereiten und hatte bestimmt, dass beide einen außerlandwirtschaftlichen Beruf erlernen sollten. Man wusste ja wirklich nicht, wie weit es mit der Landwirtschaft noch bergab gehen würde. Also lernte Robert, der Ältere, Elektriker. Ihm gefiel sein Beruf, er blieb dabei und war fest entschlossen, bald die Meisterprüfung abzulegen. Ein sicheres Einkommen und eine geregelte Arbeitszeit, genug Freizeit und Urlaub, das wäre, fand er, nicht zu verachten. Allerdings, so direkt zuwider war ihm die Landwirtschaft auch nicht, und wenn damit mehr zu verdienen wäre, würde er auch gern den Bauern spielen, erklärte er zuweilen.

Toni dagegen, der Jüngere, sagte klipp und klar, er pfeife auf Urlaub und Freizeit, Bauer sein wäre ihm allemal lieber. Er schmiss nach zwei Jahren die Mechanikerlehre und stieg um auf die Landwirtschaft.

Vater und Mutter waren nicht wenig stolz darauf, gleich zwei Söhne zu haben, die nicht abgeneigt waren, den Hof weiterzuführen, der seit Generationen die Dallers von Irzing ernährte. Aber man wollte noch ruhig abwarten, wie sich die Söhne weiter entwickelten, denn mit 23 und 24 waren sie zu jung, um genau zu wissen, was sie wollten. Und wenn es erst ans Heiraten ginge, könne sich auch noch so einiges ändern, spekulierte die Mutter. Ein Bauer bräuchte vor allem eine tüchtige Bäuerin, die einerseits nicht leicht zu finden wäre, und andererseits hätte das noch jede Menge Zeit. Tonis Eltern hatten jung geheiratet, waren eben in den besten Jahren, 45 und 47 Jahre alt, gesund und kräftig und mit einiger Hilfe der Söhne durchaus imstande, den Hof zu bewirtschaften.

Toni sah kurz zu seinen Eltern hin, die beide je eine Reihe Kühe molken. Seine, zu ihrem Bedauern nur mittelgroße Mutter trug einen blauen Arbeitsanzug, in dem sie besonders schlank und jung aussah. Ihre dauergewellten, kurzen Haare steckten unter einem Kopftuch. Ihr schmales Gesicht trug stets einen eher herben Ausdruck und die gesunde Farbe derjenigen, die sich viel im Freien aufhalten. Seine Mam wusste immer ganz genau, was sie wollte und war eine gestrenge Chefin für ihre Söhne, wann immer sie es für nötig hielt. Sein Vater war etwas größer, von kräftiger Statur. Er hatte außer Haus immer einen Hut auf dem Kopf, nicht nur wegen der Witterung, sondern auch, um seinen stetig zurückweichenden Haaransatz zu kaschieren. Seine breite Hand mit den harten Schwielen daran drückte fest eine Kuh beiseite: »Geh nüber Alte, geh zu!«, forderte er das Tier mit voller, kräftiger Stimme auf, und die Kuh machte einen Schritt zur Seite. Auch wenn der Babb mit seinem vollerem Gesicht gemütlicher wirkte, wussten Toni und Robert nur zu gut, dass man sich seinen Anordnungen zu fügen hatte. Und manchmal, aber nur manchmal, dachte er, es war doch ganz gut, öfters für den Grafen im Kieswerk zu arbeiten, sich dabei ein wenig eigenes Geld zu verdienen und damit eine gewisse Unabhängigkeit zu haben. Andererseits zweifelte Toni keinen Moment daran, dass er sich eines Tages mit seinen Vorstellungen über die Modernisierung des Betriebes würde durchsetzen können.

Wie so oft überlegte Toni, wie man den altmodischen Anbindestall, wo sich die Kühe in zwei Reihen gegenüberstanden, in einen modernen Laufstall mit Melkstand umbauen könnte. Eines seiner Lieblingsprojekte, womit er aber derzeit bei seinen Eltern nicht durchkam. Sie hatten den Stall erst vor einem guten Dutzend Jahren modernisiert und jetzt könne man nicht schon wieder eine Menge Geld dafür ausgeben, meinten sie kategorisch, das bringe die Landwirtschaft nicht ein. Die Kühe kämen regelmäßig auf die Weide und fühlten sich wohl, das merke man an der guten Milchleistung. Also wozu ein Laufstall? Und die alte Melkanlage funktioniere noch ausgezeichnet, wenn man auch zugeben müsse, ein Melkstand, wo die Kühe zu einem hingehen, statt dass man selber mit dem Melkgeschirr von Kuh zu Kuh marschieren müsste, das wäre eine große Arbeitserleichterung.

Toni schüttelte unmerklich den Kopf. Mit seinen neumodischen Ideen müsse er sich Zeit lassen, sagten sie ihm immer.

Robert kam mit einem vollen Futterwagen, fuhr durch den Stall und lud ab.

Auch er hatte seine täglichen Pflichten, allerdings verstand er es meisterhaft, sich ihnen zu entziehen. Er engagierte sich sehr im Judosport und war Mitglied im Bergsteigerverein von Angerburg. Training, Wettkämpfe und diverse Fahrten ins Gebirge sorgten dafür, dass er die wenigste Zeit auf dem Hof mithelfen konnte. Andererseits war die Mam auch recht stolz auf seine Erfolge im Judo, von denen etliche Pokale und Medaillen in seinem Zimmer zeugten.

Toni war es ganz recht so. Denn wie es aussah, würde er einmal den Hof übernehmen, rechnete er sich aus, gesprochen wurde eigentlich kaum darüber.

Was wohl Lotte von einem Bauernhof hielt? Er erledigte alle Arbeiten automatisch, in Gedanken ausschließlich bei Lotte. Deshalb erschien er als Letzter am großen Familientisch in der Wohnküche, als sich Großeltern, Eltern und Bruder das Frühstück bereits schmecken ließen.

»Na endlich, Bub. Bist du krank? Aufgestanden bist heut auch sehr spät, das kommt bei dir doch sonst nicht vor?!« Die Oma goss ihm die Tasse voll.

Robert lachte anzüglich. »Ja, ausnahmsweise war's nicht ich, der nicht aus dem Bett gefunden hat. Bist gestern im Bierzelt versumpft, Toni?«

»Bierzelt? Ich war gar nicht drin.«

»Bin ich froh, dass heute der letzte Tag Volksfest

ist.« Ein strenger Blick der Mam traf Toni. »Sich bis weit nach Mitternacht dort herumtreiben und einen Haufen Geld ausgeben. Jetzt ist es bald 9 Uhr und du schaust immer noch ganz verschlafen aus den Augen!«

»Ich bin voll da. Mir geht's großartig«, wehrte sich Toni. »Einmal im Leben wird man doch verschlafen dürfen, noch dazu an einem Sonntag.«

»Stell dich in den Stall und erklär das den Kühen. Ich glaube nicht, dass sie es verstehen, wenn sie auf ihr Futter warten müssen«, brummte der Vater unwirsch.

Toni seufzte und fand es klüger, nichts mehr dazu zu bemerken, worauf sich das Gespräch auch prompt einem anderen Thema zuwandte, dem Kirchgang. Vater und Mutter versäumten die sonntägliche Messe so gut wie nie und hielten ihre Söhne ebenfalls zum Kirchenbesuch an.

»Ich schau mir die Messe im Fernsehen an, da verstehe ich sie besser«, verkündete eben der Opa, seine Schwerhörigkeit ausnutzend.

»Ja, ich bleibe auch daheim heute und fange mit der Kocherei an, gelt?«, schloss sich die Oma an.

Toni ergriff die Gelegenheit. »Und ich kümmere mich um den Milchtank.« Die Mam sah ihn mit spöttisch hochgezogenen Augenbrauen an. »Es ist recht heiß heute. Dann muss man ihn nicht so früh raus an die Sammelstelle fahren«, verteidigte er sich.

Auch auf dem Dorf wurden wohl die engagierten Kirchgänger immer weniger.

»Aber ich geh in die Kirche«, meldete sich Robert zu Wort. »Ich muss mit dem Huber Hansi wegen unserem nächsten Fußballspiel reden.«

»Sauber. Das ist ja ein guter Grund, um in die Messe zu gehen«, monierte die Mam.

»Ja, mein Gott!« Robert seufzte tief. »Bei den Predigten, die unser Pfarrer hält! So hoch geistig, dass kein Mensch mitkommt. Nach zwei Minuten schlaf ich regelmäßig ein.«

Die Familie zerstreute sich. Die Einen machten sich fein und gingen zu Fuß zu der nur wenige hundert Meter entfernten Dorfkirche. Opa zündete sich eine lange Zigarre an und setzte sich auf die Hausbank im Garten in die Sonne. Die Oma schob den Schweinsbraten in die Röhre, schaltete das Radio ein, in dem eine Messe zu hören war, und öffnete das Fenster. »Damit du was hörst von der Kirch', Opa, gelt.«

Toni rollte den Milchtank an die Sammelstelle, wo in der nächsten Viertelstunde der Tankwagen kommen und die Milch heraussaugen würde. Dann begab er sich in sein Zimmer, legte sich aufs Bett, drehte das Radio an. Er nahm den kleinen Teddy zur Hand, träumte von Lotte. Joe Cocker sang dazu: »You are so beautiful for me …«

Lottes Familienverhältnisse

Zur selben Zeit öffnete Lotte vorsichtig ein Auge, erkannte, dass die Sonne zum Fenster hereinschien. Sie dehnte sich wohlig im warmen Bett, drückte auf das Radio und Joe Cocker sang: »You are so beautiful for me ...«

Lotte lächelte in sich hinein und drehte das Radio ein wenig lauter. Das Lied erinnerte sie an Toni, daran, wie er sie angesehen hatte, als sie ihm den kleinen Teddy gegeben hatte. Wenn sie auch nur eine Sekunde länger vor der Türe geblieben wäre, hätte er sie geküsst und sie ihn. Lotte gab es sich selber gegenüber zu: Er hatte etwas an sich, dass sie ihn unwiderstehlich fand. Was war es nur? Sein Aussehen? Die fast etwas altmodische, aber doch angenehme Höflichkeit und Zuvorkommenheit, mit der er sie durch das Gewühl auf dem Volksfest geführt hatte, nur bemüht, ihr Platz zu schaffen, stets auf ihre Wünsche eingehend, wohin auch immer sie sich gerade wenden wollte?

Dabei war er so jung, fast zwei Jahre jünger als sie selber. Jedenfalls würde sie nicht nein sagen, sollte er anrufen und es zu einem neuen Treffen kommen. Lotte öffnete die Augen plötzlich weit. Ja, sie hoffte wirklich sehr, sie würden sich wiedersehen.

Selbst durch die geschlossene Tür ihres Zimmers drang unverkennbar der Duft frisch aufgebrühten Bohnenkaffees. Es musste später Vormittag sein, wenn Mutti bereits aufgestanden war. Mutti arbeitete bis spät in die Nacht als Serviererin im besten Gasthaus in der Ortsmitte von Angerburg. Der Ochsenwirt war für seine gute bayerische Küche allseits bekannt und beliebt.

Den Vater gab es längst nicht mehr. Lotte ging eben in die erste Klasse, als ihre Eltern sich scheiden ließen. Der Vater hatte bald darauf seine neue Freundin geheiratet und eine neue Familie gegründet. Anfangs holte er Lotte ein paarmal am Wochenende ab und spazierte mit ihr herum, kaufte ihr ein Eis, nahm sie mit ins Schwimmbad. Aber recht bald hatte er durch seine neuen Verpflichtungen keine Zeit mehr. Schließlich zog er, eines neues Jobs wegen, weit weg und im Laufe von wenigen Jahren riss die Verbindung zu ihm ganz ab. Lotte vermisste ihn kaum. Sie hatte ihre Mutter, die sich für ihre Tochter viel Zeit nahm. Die beiden empfanden sich als eingeschworenes Team. Je erwachsener Lotte wurde, desto mehr wurden aus der Mutter und ihrer – zugegeben sehr umsorgten und verwöhnten – Tochter auch Freundinnen. Lotte meinte, meine allerbeste Freundin ist meine Mutter. Dazu kamen Mutters Schwester und Schwager, Tante Fanny und Onkel Norbert. Sie wohnten nur einige Straßen weiter, waren etwas älter, die eigenen Kinder schon größer. Tante Fanny hatte Lotte während ihrer Kinderzeit betreut, wenn sie aus der

Schule kam und die Mutter bereits in der Arbeit war. An Mutters freien Tagen, Montag und Dienstag, waren sie und Lotte unzertrennlich. Sie verstanden sich prächtig und nicht einmal Lottes pubertäre Probleme änderten daran das Geringste. So war sie auch später nie auf die Idee gekommen, sich etwa eine eigene Wohnung zu suchen. Ihr Zusammenleben verlief angenehm und reibungslos. Sie teilten sich die Hausarbeit – nun ja, sicherlich, die Mutter erledigte mehr davon. Aber darüber hatte sie sich nie beklagt, im Gegenteil. Die Mutter verwöhnte ihre Tochter mit Begeisterung.

Zweimal im Laufe der Jahre fürchtete Lotte ernsthaft, ihre Mutter könnte sich einem neuen Mann zuwenden. Es wäre nicht verwunderlich gewesen, denn man sah ihr ihr Alter, inzwischen 53, nie an. Sie war ein wenig mollig, mit vollem braunem Haar, einem weichen, fröhlichen Gesicht. Sie lachte gern, liebte den Umgang mit den Menschen, konnte zuweilen aber auch energisch werden, wenn sie es für nötig hielt. Ihre seltene Gabe, mit ihrem Leben, so wie es war, ganz einverstanden und zufrieden zu sein, verlieh ihr eine Ausstrahlung von innerer Ruhe, Zufriedenheit und Ausgeglichenheit, die viele Freunde und Bekannte und nicht zuletzt ihre Stammgäste an ihr schätzten.

Aber zu einer festen Verbindung mit einem Mann kam es nicht. Die eine Freundschaft, bald nach der Scheidung, verlief im Sand. Die zweite scheiterte, weil der Mann von einer Stieftochter, für die der eigene Vater noch nicht einmal zahlte, nicht unbedingt angetan war. Es gab heiße Diskussionen und Streit. Danach konnte man von Lottes Mutter hören, dass ein Leben ohne Mann unproblematischer und gemütlicher sei, und dabei blieb es.

Während sie sich nach dem Duschen die Haare trocknete, dachte Lotte: Was würde Mutti wohl zu einem neuen Freund, zu Toni sagen?

Ihre erste und bisher einzige wirklich ernst zu nehmende Freundschaft mit einem Mann, mit Roland, hatte damals nicht unbedingt Mutters Zustimmung gefunden. Lotte war 20, sehr verliebt und hatte sich von ihm überreden lassen, in seine Wohnung zu ziehen. Drei Wochen später war die Liebe geschwunden wie Schnee in der Sonne und Lotte wieder bei Mutti daheim. »Der hat nicht mich gebraucht, sondern eine Putzfrau!«, erzählte Lotte empört. »Glaubst du, der hätte auch nur einmal den Staubsauger in die Hand genommen oder gar die Waschmaschine eingeschaltet? Das Geschirr hat er zweimal abgetrocknet, dann durfte ich das auch allein erledigen.«

Einige weitere Bekanntschaften gediehen nicht zu engeren Beziehungen. Lotte war vorsichtiger und anspruchsvoller geworden. Wenn überhaupt, so wollte sie einen gleichberechtigten Partner finden und keinen Pascha. Paschas, stellte sie fest, gab es zuhauf, partnerschaftliche Männer weit weniger und wenn, so schien es, waren sie in festen Händen. Da war das Zusammenleben mit der Mutter in der gemütlichen Dachwohnung bei weitem das bessere Los.

Lotte liebte diese Wohnung. Sie hatten beide ihr eigenes Schlafzimmer. In Lottes Raum war ein Sammelsurium aus einem breiten Polsterbett mit weiß gestrichenem Nachtkästchen und Spiegelschrank, einer alten, dunkelbraunen Kommode, einem fast dazu passenden, schmalen Schreibtisch und einem Polstersessel. Das gemeinsame Bad hatte einfache weiße Fliesen und weiße Einbauschränke, war recht eng und schmal, aber sie kamen damit zurecht. Auch die Küche bestand nur aus einer Zeile sonnengelber Einbaumöbel unter einer Dachschräge. Es störte sie nicht, denn Kochen war nur ein notwendiges Übel, für das sie beide nicht sonderlich viel übrig hatten. Sie aßen nicht oft zu Hause und wenn, so musste das Kochen immer schnell gehen. Zudem achteten beide darauf, möglichst schlank zu bleiben.

Der größte Raum der Wohnung war das Wohnzimmer mit der Essecke und einem kleinem Balkon davor. Es ging über die gesamte Breite des Hauses. Unter der einen Dachschräge und vor einem Fenster stand die bäuerliche Eckbank, in der Mitte konnte man durch eine breite Glastüre, die bei schönem Wetter immer offen stand, auf den mit Blumen übersäten Balkon treten. Unter der anderen Dachschräge stand die Polstergruppe aus blau und gelb gemustertem Stoff, an der Rückwand ein heller Schrank mit einigen offenen Böden und ein paar Glastüren.

Alles in allem fühlten sich beide ausgesprochen wohl in ihrer Behausung und miteinander. Wobei sie beide ohne weiteres zugaben, dass ihre unterschiedlichen Arbeitszeiten dem jeweiligen persönlichen Freiraum sehr zugute kamen.

Lotte ging am Morgen aus dem Haus, wenn ihre Mutter noch fest schlief. Das Zahnlabor, in dem sie angestellt war, konnte sie mit dem Fahrrad in wenig mehr als fünf Minuten erreichen. Sie kam mittags heim, nach einem einfachen gemeinsamen Essen trennten sich ihre Wege wieder: Mutter trat ihren Dienst im Wirtshaus an, von dem sie erst spät in der Nacht zurückkehrte, Lotte musste für 4 Stunden zurück ins Zahnlabor. Sie konnte ihre Abende nach Belieben verbringen, außer an Mutters freien Tagen, da unternahmen sie oft und gern gemeinsam kleine Ausflüge oder Kinobesuche.

Da die Mutter an Sonn- und Feiertagen in der Regel nicht freihatte, war der heutige Sonntag etwas Besonderes: Tante Fanny feierte 60. Geburtstag. Ihre drei Kinder mit Familien sowie zwei weitere Geschwister mit Anhang waren zu einer Riesenparty eingeladen worden, einem Grillfest nach allen Regeln der Kunst. Tante Fanny und Onkel Norbert nannten ein großes zweistöckiges Haus mit Garten ihr Eigen.

»Wenn ich nicht die Fanny so gern hätte, ich glaube, ich ginge lieber zur Arbeit«, seufzte Lottes Mutter und schnitt eine Grimasse.

Auch Lotte verzog ihr Gesicht, während sie vom Marmeladenbrot abbiss. Sie saßen sich bei einem späten Frühstück gegenüber. »Warum man auch immer Verwandte haben muss, die man nicht ausstehen kann. Hoffentlich hält das Wetter. Der Garten ist groß genug, da kann man sich aus dem Weg gehen und mit den Kindern spielen«, meinte Lotte hoffnungsvoll.

»Ja, die Kinder. Die stellen einem wenigstens keine dummen Fragen.«

Lotte grinste. Ihre ansonsten so langmütige Mutter kam mit ihrer jüngsten Schwester Rita überhaupt nicht aus. »Ich höre sie jetzt schon«, empörte sich die Mutter und fuhr im hellen, stets etwas atemlos klingenden Tonfall Tante Ritas fort: »Was macht denn dein Geschiedener? Du wirst doch wissen, wie es ihm geht, schließlich ist er der Vater deiner Tochter.« In ihrer normalen, tieferen Stimme sprach sie weiter: »Sie kann einfach nicht kapieren, dass er mich überhaupt nicht mehr interessiert. Tut gerade so, als müsste ich mich genieren, weil ich geschieden bin.«

»Reg dich nicht auf, Mutti. Sie hat einfach einen Tick mit dem Heiraten. Mich fragt sie regelmäßig, wann es denn bei mir so weit wäre und ob ich mir denn keine Kinder wünsche.«

»Und? Tust du das?«, fragte die Mutter.

»Natürlich. Aber erst einmal muss ich den richtigen Vater dazu finden«, antwortete Lotte nachdenklich und dachte unwillkürlich an Toni.

Die Mutter musterte sie liebevoll. »Lass dir Zeit damit! So, und jetzt wird es Zeit, dass wir uns auf den Weg machen zur Tante Fanny. Vielleicht ist die Rita stockheiser, dann kann sie nicht so dumm daherreden wie üblich«, wünschte die Mutter und lachte dabei.

Ihr frommer Wunsch ging natürlich nicht in Erfüllung. Rita stellte viele neugierige Fragen und erzählte überaus stolz von ihrer eigenen, vollkommenen Familie und deren Wundertaten, beruflich erfolgreich und privat in ordentlichen Verhältnissen lebend.

Im Übrigen verlief die Feier ungetrübt und endete früh und abrupt, weil gegen Abend ein Gewitter aufzog. Die Gäste verabschiedeten sich rasch. Lottes Mutter wollte ihrer Lieblingsschwester beim Aufräumen helfen. »Ich kann doch nicht zulassen, dass du morgen früh die ganzen Teller mit den angetrockneten Resten sauber machen musst, Fanny. Da helfen wir beide jetzt zusammen, bis das Haus wieder in Ordnung ist.« Lotte erbot sich, das Geschirr einzusammeln, und wurde danach nach Hause geschickt. »Geh nur, Lotte, du musst morgen früh zur Arbeit. Wir schaffen den Rest auch allein.«

Lotte ließ sich recht gern wegschicken, nicht nur, weil sie die Hausarbeit nicht gerade leidenschaftlich gern tat, sondern auch, weil sie genau wusste, dass die beiden Schwestern die Gelegenheit zu ausführlichem Getratsche nützen würden. Bei der Zusammenkunft so vieler Verwandter waren etliche Neuigkeiten zutage gekommen, und die würden nun reichlich durchgekaut und kommentiert. Lotte kannte das und war nicht scharf darauf.

Mit einem Schirm von Onkel Norbert rannte sie

durch den anhaltenden, wolkenbruchartigen Regen, begleitet von inzwischen fernen Blitzen und Donnergrollen, die paar hundert Meter zur eigenen Wohnung. Sie wurde patschnass. Kaum hatte sie sich abgetrocknet und es sich mit einer Modezeitschrift im Wohnzimmer gemütlich gemacht, zogen die schwarzen Wolken davon und die Abendsonne kam strahlend hervor, spiegelte sich glitzernd in abertausenden dicken Regentropfen, die noch an Bäumen und Sträuchern hingen.

Lotte öffnete die Balkontüre. Weit weg wölbte sich ein verblassender Regenbogen in den Himmel hinein. Der Regenbogen stand genau in Richtung Irzing am Himmel, fiel ihr auf. Irzing – Toni.

Was der wohl gerade tat? Ob er zu Hause war?

Kurz entschlossen holte sie sich das Telefon und das Telefonbuch, setzte sich auf den Balkon in die Abendsonne. Es gab eine ganze Reihe von Thalhammers, aber nur bei einem stand Irzing dabei.

Lotte zögerte noch einmal, dachte an ihn, lächelte unwillkürlich und tippte die Nummer ein.

Nach mehrmaligem Läuten fragte eine weibliche Stimme: »Ja? Thalhammer.«

»Grüß Gott. Könnte ich den Toni sprechen?«

Die Stimme antwortete fast barsch: »Den Toni? Wer ist denn da?«

»Ah, Lotte. Ich heiße Lotte.«

»So. Ja. Moment.«

Es klapperte im Hörer, als er abgelegt wurde, dann folgten zwei dumpfe Schritte, eine aufspringende Türklinke und ein lauter, deutlich hörbarer Ruf: »Toni? Telefon. Eine gewisse Lotte …«

In Sekundenschnelle war er am Apparat. »Lotte?« Überraschung und Freude über ihren Anruf drangen deutlich bis zu ihr durch.

»Ja, Toni, servus. Ich habe eben an dich gedacht und da ist mir eingefallen, ich könnte dich anrufen …«

»Du hast an mich gedacht? Ich denke ständig an dich!«

»Jetzt übertreibe aber nicht. Ich bin überrascht, dass du gar nicht auf dem Volksfest bist.«

»Ach, ohne dich hätte es mir doch keinen Spaß gemacht.«

»Schmeichler!«

»Nein, ganz im Ernst! Von wo rufst du an? Bist du daheim?«

»Ja. Stell dir vor, der Wolkenbruch hat der Geburtstagsgrillfeier meiner Tante ein vorzeitiges Ende beschert.«

»Bei deiner Tante, ach so. War's schön?«

Lotte setzte sich ganz bequem mit übergeschlagenen Beinen auf ihrem Sessel zurecht und erzählte ein wenig davon. »Und wie war dein Tag?«, fragte sie am Ende.

»Oh, es war nichts Besonderes los. Ein Kalb ist auf die Welt gekommen und am Nachmittag hab ich bei einem Nachbarn das Heu gepresst. Gerade rechtzeitig vor dem Regen sind wir mit dem Einfahren fertig geworden. Nur ich selber bin danach auf dem Heimweg fest geduscht worden.«

»Was, du auch? Ich auch, auch auf dem Nachhauseweg.«

»Da hat uns dieselbe Wolke getauft! Jetzt ist wieder schönstes Wetter. Hättest du Zeit? Können wir uns treffen?«

»Oh, ich bin viel zu müde. Die Party war ziemlich anstrengend.«

»Und morgen? Oder übermorgen? Bis zum Mittwoch ist es noch so fürchterlich lange hin …«

»Ja …«, gab Lotte zu und wünschte sich eigentlich auch, Toni schon früher wiedersehen zu können. »Aber es geht nicht! Am Montag haben Mutter und ich einen Radlausflug geplant, und am Dienstag findet ein hochoffizielles Festtagsessen statt, mein Chef hat sein Zahnlabor vor genau 20 Jahren gegründet.«

Warum erzähle ich ihm das alles, fragte sich Lotte? Weil es mir wichtig ist, ihn wissen zu lassen, dass es da nicht etwa einen anderen Freund gibt, mit dem ich unterwegs bin, antwortete sie sich selbst in Gedanken.

»Schade«, erwiderte Toni. »Da kann man nichts machen. Aber am Mittwoch sehen wir uns, ja? Um sieben?«

»Okay. Wo treffen wir uns?«

»Ich hole dich natürlich ab, bei dir daheim.«

»Gut. Was machst du heute noch so?«

Keiner von beiden konnte sich entschließen, das Gespräch zu beenden. Jeder hatte den Hörer eng ans Ohr gepresst. Sie unterhielten sich über unwichtige Kleinigkeiten, horchten auf jeden

Atemzug, jede Modulation im Tonfall des anderen.

Nachdem sie sich zum dritten Mal Gute Nacht gesagt hatten, horchte Lotte noch einige Sekunden, hörte seinen Atem und legte dann auf, irgendwann musste es ja sein.

Bald danach ging Lotte ins Bett und schaltete das Radio ein. Toni hatte ihr versichert, er würde sich dieselbe Musiksendung anhören.

Tonis Familienbande

Von Toni kaum registriert, hatte seine Mutter dreimal im Laufe seines langen Telefonates den Hausflur durchquert, zuletzt spöttisch den Kopf schüttelnd.

Später saß sie in der großen Wohnküche vor dem Fernseher mit einer zerrissenen blauen Arbeitsjacke in den Händen. Ihre Augen ruhten mehr auf dem festen Flicken aus einer zerschnittenen alten Jeans, den sie auf das Loch am Ellbogen nähte, als auf dem Fernsehschirm.

Als Toni kam, um sich ein Glas Apfelsaft einzuschenken, selbst hergestellt aus den eigenen Äpfeln des letzten Herbstes, warf sie ihm einen scharf beobachtenden Blick zu. »Das hat aber lang gedauert am Telefon!«

»Hm.« Toni trank durstig.

»Lotte hast du sie genannt, nicht? Wer ist denn das?«

»Ach, mein Gott, Mam, eine Bekannte halt. Du kennst sie nicht.« Toni trank mit großen Schlucken das Glas leer, stellte es in die Spüle und verschwand ganz schnell in sein Zimmer.

»Mindestens eine Dreiviertelstunde hat er mit der telefoniert!«, informierte Tonis Mutter den Vater, der den Sonntagskrimi auf dem Fernsehschirm verfolgte.

»So?« Er grinste amüsiert. »So ist das eben in dem Alter.«

Sie machte eine bedenkliche Miene. »Ausgerechnet der Toni. Wird doch der nicht auch so werden wie unser Robert.«

»Ach wo, der Toni ist anders!«, behauptete der Vater.

Die Mutter seufzte auf. »Hoffentlich. Ein Casanova in der Familie reicht mir.« Sie hatte sich wohl oder übel daran gewöhnen müssen, dass Robert, ihr Ältester, ein großer Freund der holden Weiblichkeit war. Seit er 15 war, hatte er ständig wechselnde Freundinnen um sich herum und scheute sich auch keineswegs, sie ab und an auf den Hof zu bringen. Keine seiner Freundschaften dauerte allzu lange. Kaum hatte man sich an einen Namen gewöhnt, folgte schon die Nächste. Irgendwie schaffte er es dabei sogar, sich stets in aller Freundschaft von seinen Verflossenen zu trennen. Er war ein sehr gut aussehender, immer gut gelaunter, charmanter Kerl und im Grunde genommen waren stets die Mädchen hinter ihm her, wie seine Mutter, nicht ohne einen gewissen Stolz, feststellen konnte. Trotzdem, für ihren »Kleinen«, ihren jüngeren Sohn, wünschte sie sich solche Geschichten ganz und gar nicht.

»Ein richtig verklärtes Gesicht hat er gemacht am Telefon!«, bemerkte sie ihrem Mann gegenüber, und es war nur zu deutlich, wie wenig ihr das gefiel.

»Gönne ihm die Freude doch«, brummte der Vater und verfolgte interessiert eine rasante Actionszene auf dem Bildschirm.

Toni und Lotte

Er war zu früh dran. Mit einem erneuten Blick auf die Armbanduhr stellte dies Toni zum zweiten Mal fest. Er schlenderte bewusst langsam voran, schaute in alle Vorgärten der Straße, wunderte sich über eine Ansammlung bunter Gartenzwerge neben einem Hauseingang und war überpünktlich an der Haustür zu Lottes Wohnung.

Er drückte auf die Klingel. Nach wenigen Sekunden kam ihre Stimme etwas verzerrt aus der Gegensprechanlage. »Ja?«

»Ich bin da, Toni.«

»Komme gleich!« Ihre Stimme klang hell und fröhlich und Toni freute sich, lächelte in sich hinein.

Vier Minuten später, in denen Toni hin und her laufend gewartet hatte, ging endlich die Haustüre auf. Lotte trat lächelnd heraus, in einem schwingenden, bunt gemusterten Sommerkleid.

»Oh, schön schaust du aus«, sagte Toni inbrünstig, seine Augen hingen an ihr und bewiesen, dass er kein leeres, höfliches Kompliment gemacht hatte.

Lotte betrachtete ihn von Kopf bis Fuß mit geneigtem Kopf, von seinen kurz geschnittenen Haaren, über das gestreifte Hemd und die Jeans bis zu den Ledersandalen. »Du siehst auch nicht übel aus!«, stellte sie ein wenig verwundert fest. Man sah ihm seine bäuerliche Herkunft nicht an. Er roch leicht nach Rasierwasser und auf seiner Oberlippe sprossen kurze Barthaare. »Oh, du lässt dir wirklich einen Schnauzbart wachsen?«

Toni war eine leichte Röte in die Wangen gestiegen. »Ja. Oder gefällt er dir dann doch nicht?«

Sie musterte ihn. »Er wird mir gefallen!«

Er grinste erleichtert. »Was möchtest du unternehmen?«

»Kennst du die Musikantenstube?«

»Das Lokal?«

»Ja. Heute soll eine neue Band spielen.«

»Okay. Gehen wir zu Fuß hin? Das ist ein ganzes Stück weit weg.«

»Ja, trotzdem. Es ist so ein schöner Abend.«

»Gut.« Er streckte die Hand aus, um ihre zu nehmen.

Lotte ließ es zu, und manchmal geschah es, dass sich auch ihre Arme berührten.

Toni fand, die Musikantenstube könnte ewig weit weg sein.

Das Lokal war sehr voll. Sie amüsierten sich zunächst bei der eher laut als gut gespielten Countrymusik und wechselten bald in eine viel ruhigere Eisdiele. Man konnte unter freiem Himmel die laue Sommernacht genießen und sich über Gott und die Welt unterhalten. Der Gesprächsstoff ging ihnen nicht aus.

Lotte zog die Schultern zusammen. »Langsam wird's kühl, findest du nicht?«

»Ja, gehen wir. Tut mir leid, Lotte, ich hab auch keine Jacke dabei.«

»Macht nichts. Wenn wir schnell gehen, wird mir wieder warm.«

Sie marschierten mit langen Schritten los. Toni legte seinen Arm um Lottes Rücken, drückte sie an sich.

Sie sah ihn strafend an, wollte etwas sagen. Er kam ihr eilig zuvor. »Ist doch besser so, oder? Nicht mehr so kalt.«

Lotte musste lachen. »Ja, stimmt. Viel wärmer.«

Schließlich legte sie ihren Arm um seinen Rücken und Toni war selig. Nun eilte es ihnen nicht mehr, sie marschierten ganz gemächlich im Gleichschritt dahin. Als sie nur noch wenige Schritte von Lottes Haustür trennten, bedauerte Toni: »Schade, wir sind schon da.«

Lotte sperrte die Haustüre auf, drehte sich zu ihm hin. Sein Arm lag immer noch fest und warm um ihren Rücken. Er umfasste sie auch mit seinem zweiten Arm.

»Willst du mich gar nicht mehr auslassen, Toni?«, fragte Lotte mit einem leisen Lächeln.

»Nein, am liebsten nie, nie mehr,«, antwortete er ernst. »Ich möchte dich ewig so festhalten.« Er drückte sie enger an sich.

»Hm. Ewig ist aber eine sehr lange Zeit!«, murmelte Lotte leise und nachdenklich. Sie sah ihn an, legte ihre Arme um seinen Nacken. Dann küssten sie sich lange, legten ihre Wangen aneinander.

Schließlich löste sich Lotte widerstrebend, trat

einen Schritt zurück. »Wann sehen wir uns wieder?«

»Morgen und übermorgen und überübermorgen und überhaupt jeden Tag.«

»Mh. Schön«, flüsterte Lotte an seinem Ohr. »Wann morgen?«

»Um sieben. Ich schaffe es morgen bis um sieben.«

»Einverstanden.« Lotte streichelte zärtlich über seine Wange, drückte ihre Lippen zart auf seine. »Ich freue mich drauf. Gute Nacht, Toni.«

»Gute Nacht, Lotte, bis morgen.«

Lotte verschwand hinter der Haustüre. Er horchte, wie sich der Schlüssel im Schloss drehte, wie das Geklapper ihrer Schuhe auf der Treppe verklang, dann ging er.

Sie sahen sich zwei Wochen lang fast täglich, verbrachten viele Abende zusammen.

»Warum treffen wir uns nicht einmal am Nachmittag? Morgen ist Samstag, dann Sonntag, wie wäre es mit einem längeren Ausflug?«

Toni schüttelte bedauernd den Kopf. »An diesem Wochenende geht gar nichts. Ich muss Heu einfahren. Das Gras ist gemäht und der Wetterbericht sagt schönes, heißes Wetter voraus für die nächsten Tage.«

»Ach du liebe Zeit! Ich hab mich ja schon daran gewöhnt, dass wir uns abends frühestens nach sieben Uhr sehen können, weil du vorher die Kühe versorgen musst, aber dass du nicht einmal am Wochenende tagsüber Zeit hast ...!«

»Du musst eben um schlechtes Wetter beten, dann hätte ich vielleicht Zeit.«

»Schöne Aussichten!«

Der nächste Donnerstag wurde trüb und nass und der Wetterbericht versprach nicht viel Besseres für das Wochenende.

»Wir können uns am Samstag nach Mittag treffen. Ich organisiere es so, dass mein Bruder am Abend bei der Stallarbeit aushilft, dann haben wir viel Zeit füreinander.«

Lotte seufzte. Ein halber Tag, und das bezeichnete Toni als »viel Zeit«.

Zum Glück hatten die Meteorologen, wie so oft, das Wetter nicht richtig vorhergesagt. Bereits am Samstag blinzelte vereinzelt wieder die Sonne durch die Wolken, der Regen hörte auf.

»Fabelhaft!«, freute sich Lotte. »Sonne und kühler Wind, das ist das richtige Flohmarktwetter. Darf ich fahren?«

Toni streckte ihr ohne weiteres den Schlüssel hin und nahm auf dem Beifahrersitz Platz. Er wusste von einigen vorhergehenden Ausflügen, dass Lotte begeistert chauffierte. »Ich habe eben selten Gelegenheit dazu«, erklärte sie ihre Freude, am Steuer eines Autos zu sitzen.

Sie fuhren gute 20 Kilometer über kurvenreiche Nebenstraßen, fanden mit Mühe und Not einen Parkplatz, denn eine Unmenge anderer Leute war an diesem Tag auch auf die Idee gekommen, den Flohmarkt in diesem kleinen Ort zu besuchen. Es herrschte ein unglaubliches Gedränge.

Toni und Lotte kämpften sich durch, Hand in Hand, um sich nicht zu verlieren. Lotte verliebte sich in eine kleine Katze aus Porzellan, die sie ganz und gar unwiderstehlich fand. Toni handelte mit der Verkäuferin und kaufte sie ihr schließlich.

»Danke.« Lotte drückte einen Kuss auf seine Wange. »Jetzt bist du dran. Was willst du haben?«

Das war nicht so einfach. Die alten blechernen Spielzeugautos, für die er sich interessierte, waren ihm denn doch zu teuer. Ansonsten begeisterten ihn zwei unglaublich schmuddelige Stände mit, wie Lotte meinte, rostigem, altem Eisen. Werkzeuge und schmierige, verbogene, seltsame Teile, von denen Lotte sich absolut nicht vorstellen konnte, was sie überhaupt darstellen sollten. Am meisten faszinierte ihn ein etwas ramponierter, alter Schriftzug aus Blech. Er fing an zu handeln.

»Was ist das eigentlich? Eicher?«

»Das stammt von einem Bulldog. Ein Markenname, verstehst du, so wie der Stern von Mercedes. Der Großvater hat früher einen Eicher-Bulldog gehabt«, erklärte er und handelte so lange, bis er das schmutzige alte Ding zu einem günstigen Preis bekam.

»Was willst du denn damit anfangen?«, wunderte sich Lotte.

»An die Wand hängen. Ich hab schon eine Menge solcher Embleme und Fotos von Traktoren und Landmaschinen von früher.«

»Aha.« Lotte konnte diese Vorliebe nicht nachempfinden, aber als sie im Durcheinander eines anderen Standes tatsächlich alte, bäuerliche Schwarzweißfotos entdeckte, machte sie ihn darauf aufmerksam. Toni wühlte sie alle begeistert durch. »Hier, der Bulldog, ein alter Deutz, tolles Ding!«

»Schön. Aber hier, das Ochsenfuhrwerk mit dem Heuwagen hinten dran finde ich interessanter.«

»Wirklich?« Er kaufte beide Fotos.

»Ich sehe nur noch kariert. Komm, lass uns aus dem Gewühl gehen und was trinken.«

Am späten Nachmittag zuckelten sie über Nebenstraßen zurück, wieder mit Lotte am Steuer. Sie kamen an kleinen Dörfern und einzelnen Bauerngehöften vorbei. Auf einer ausgedehnten Weide grasten Pferde. Lotte rollte langsam an ihnen vorbei. »Pferde. Ich mag Pferde. Schade, dass es bei euch auf dem Hof keine Pferde gibt.«

»Wir haben Kühe. Schöne, dicke, wunderbare Fleckviehkühe. Du solltest dir einmal Kühe genauer ansehen. Sie sind mindestens so schön wie Pferde.«

»Ach? Glaub ich nicht. Außerdem kann man auf denen nicht reiten. Ich bin als Kind eine Weile geritten.«

»Wirklich? Dann kennst du dich ja recht gut aus mit größeren Viechern!«, stellte er erfreut fest.

Aber Lotte war ehrlich. »So ein bisschen reiten, ein Pferd putzen und aufsatteln, mehr nicht.«

»Wenn du schon vor Pferden keine Angst hast, kommst du mit Kühen erst recht gut aus. Kühe sind wunderbar friedliche, liebe, nette Viecherl«, schwärmte er richtiggehend.

Lotte machte ein zweifelndes Gesicht. Als einige Kilometer weiter eine Herde Kühe auf einer Weide auftauchte, bestand Toni darauf, in den Feldweg einzubiegen.

»Kühe solltest du dir einmal genau ansehen.«

Sie stiegen aus, er nahm Lottes Hand und zog sie mit sich, bis sie ganz nah bei den Kühen standen, die hinter einem elektrischen Weidezaun unter einigen hohen alten Eichen im Gras lagen.

»Momentan schauen die ja wirklich ganz friedlich aus!«, bemerkte Lotte zögernd. »Aber wenn sie erschrecken, donnern sie los wie verrückt oder?«

»Schmarrn. Wie kommst du denn auf die Idee?«

»Na, das weiß ich doch aus den alten Westernfilmen, Stampede sagen die dazu.«

»Blödsinn. So was kommt bei uns nie vor. Schau nur, wie sie so friedlich vor sich hin kauen: Mampf, mampf, mampf. Bildschön und irgendwie unglaublich beruhigend, findest du nicht?«

»Hm«, machte Lotte. Und weil er gar so sehr auf eine positive Reaktion ihrerseits wartete, meinte sie: »Schöne große Augen haben sie.«

Die ihnen am nächsten liegende Kuh stemme sich plötzlich ruckartig auf die Füße. Lotte erschrak und ging unwillkürlich rückwärts. Die Kuh schüttelte ihren großen, dicken Kopf mit den spitzen Hörnern hin und her, machte ein paar wuchtige Schritte auf die Zaungäste zu, schaute interessiert zu ihnen herüber.

Lotte bewegte sich noch einmal rückwärts. »Ziemliche Muskelkolosse!«

»Ja, die stehen gut im Futter«, urteilte Toni fachmännisch, der direkt am Weidezaun stehen geblieben war und ihre Hand festhielt. Lotte wäre am liebsten weiter weg gegangen. Die Kuh kam am Zaun entlang noch näher auf sie zu, muhte laut und dumpf und das veranlasste mehrere andere Tiere aus der Herde, ebenfalls aufzustehen.

»Ganz schön groß, so eine Kuh, wenn sie vor einem steht!«, bekannte Lotte und machte sich lieber auf den Weg zurück zum Auto. »Allerdings, gefährlich wirken sie nicht unbedingt«, bestätigte sie aus gebührender Entfernung.

Toni kam hinterher, lachte, zog sie an sich. »Feigling! Kühe tun einem nichts. Sie sind wirklich total friedlich«, versicherte er. »Das wirst du schon noch lernen.«

Lotte sah ihn an, nach diesen so selbstverständlich ausgesprochenen Worten. Er lächelte ihr heiter zu.

Warum musste er ausgerechnet Bauer sein, seufzte Lotte innerlich.

Nicht weit von ihrer Wohnung entfernt fand sich ein Parkplatz.

Toni fragte: »Und jetzt? Gehen wir was essen?«

»Du hast ja heute unbegrenzt Zeit, hast du gesagt. Dein Bruder macht die Stallarbeit, oder?«

»Ja.«

»Na, dann kannst du mal mitkommen in die Wohnung. Im Kühlschrank wird sich schon was finden und wir kochen selber, okay?«

Toni schluckte. »Okay.« Sie trafen sich seit über

vier Wochen, aber in die Wohnung war er bisher nicht eingeladen worden.

Über ein enges Treppenhaus erreichten sie das Dachgeschoss. Lotte sperrte die Wohnungstür auf. Sie durchquerten einen länglichen, schmalen Flur, wo einige Jacken an Metallhaken hingen, und kamen in das ziemlich geräumige, helle Wohnzimmer mit den beiden schrägen Dachwänden.

»Hast du Durst? Mineralwasser oder Saft?«, bot Lotte an.

»Hm, ja. Gemischt am liebsten.«

Lotte nickte. »Setz dich. Oder geh auf den Balkon, wenn du willst. Lotte verschwand in der Küche.

Toni sah sich in dem sauber aufgeräumten Raum um. Er fand, es sah alles sehr weiblich und irgendwie städtisch aus: Einige Modezeitungen auf einem Tischchen gestapelt, einige Bücher im Wohnzimmerschrank, moderne, glatte Möbel, Vorhänge mit einem seltsamen Muster aus Klecksen und Strichen. Jedenfalls ganz anders als bei ihm daheim. Da gab es hauptsächlich alte, schwere Möbel und Vorhänge mit Blumenmustern in den großräumigen, hohen Zimmern. Er öffnete die Balkontüre und blickte auf einen mit Blumen übersäten kleinen Balkon, auf dem gerade eben eine Liege, ein winziges Tischchen und ein Stuhl Platz hatten.

Lotte kam mit zwei vollen Gläsern. »Na, wie gefällt es dir hier?«, fragte sie lächelnd.

»Oh, sehr gut«, beeilte er sich zu sagen und trank.

»Aber? Würdest du hier leben wollen?«

Er hob die Schultern. »Warum nicht? Ein bisserl eng kommt es einem halt vor, wenn man das Land gewöhnt ist.«

»Eng?« Sie sah ihn mit großen Augen an.

»Na ja, die Straßen und wie dicht die Häuser aufeinander stehen und wie klein sie innen gebaut sind.«

»Aha. Bei euch ist also mehr Platz?«

»Ja. Viel Platz. Willst du dir unseren Hof anschauen? Bald einmal, ja?« Er stellte das Glas ab und nahm sie in die Arme.

»Mal sehen, vielleicht. Eigentlich interessierst du mich viel mehr als euer Bauernhof!«

»Oh, gut. Nichts, was mir lieber wäre.«

Sie sahen sich lange an, umarmten und küssten sich.

»Würde dich mein Zimmer interessieren?«

»Mh, sehr.«

»Dann komm.« Lotte nahm ihn bei der Hand und führte ihn in ihr Zimmer.

Stunden später fragte Lotte, ihren Kopf an seine Schulter gebettet: »Wie gefällt dir jetzt mein Zimmer?«

»Dein Zimmer? Keine Ahnung. Ich hab bis jetzt nichts davon gesehen.« Toni hob den Kopf und ließ im hellen Licht des fast vollen Mondes seine Augen umherwandern: Bett, Nachttisch, ein großes Fenster, ein langer Schrank, eine Spiegelkommode, ein Sessel – das Zimmer war gar nicht so klein, bestand im Mondschein nur aus hellen und dunklen Grautönen, wie ein Schwarzweißfoto, das die bunten Farben schluckte.

»Nicht schlecht, dein Zimmer. Aber weißt du, was mir am besten gefällt?«

»Nein, was denn?« Lotte lächelte in der Dunkelheit. Ihre Zähne und Augen glänzten.

»Du. Du gefällst mir unbändig. Ich kann dir gar nicht sagen, wie du mir gefällst!«

»Danke, gleichfalls.«

»Ach, Lotte ...«

Wieder eine Weile später warf Toni widerwillig einen Blick auf den Radiowecker. »Nach eins. Ich wollte, die Zeit würde stehen bleiben.«

»Ist doch noch lange bis zum Morgen«, murmelte Lotte.

»Um halb fünf muss ich zu Hause antreten.«

»Halb fünf? Um Gottes Willen!« Sie drückte ihren Kopf in die Kissen, schloss die Lider wieder.

»Hast du auch solchen Durst?«

»Durst? Holst halt unsere Gläser aus dem Wohnzimmer«, murmelte Lotte gähnend.

»Ja, mach ich.«

Er knipste die Nachttischlampe an, schlüpfte aus dem Bett und in seine Jeans. Im schmalen Flur musste er sich erst einmal orientieren, wo nun das Wohnzimmer war, und öffnete schließlich die Tür schräg gegenüber. Seltsamerweise brannten da alle Lichter. Er blinzelte in die Helligkeit und sah sich einer Frau in den mittleren Jahren gegenüber –

Lottes Mutter. Sie saß mit einer Tasse und einer Zeitung vor sich am Esstisch.

»Oh … äh …«

Sie sah ihn wortlos über ihre Lesebrille hinweg an.

Er holte tief Luft, machte zwei große Schritte auf sie zu und streckte die Rechte aus. »Grüß Gott. Ich bin der Toni, der Thalhammer Toni.«

Sie musterte ihn ernst, stirnrunzelnd. »So, der Thalhammer Toni bist du!« Dann streckte sie die rechte Hand aus, drückte seine Hand kräftig. »Grüß Gott. Ich bin die Mutter von der Lotte, wie du bestimmt erraten hast.«

»Ah, ja. Freut mich, dass wir uns kennenlernen«, sagte er bewusst forsch.

»Mich auch, Toni.« Ein kleines Lächeln erschien auf ihrem Gesicht. »Die Lotte hat mir schon viel von dir erzählt.«

»Ja?«

»Nur Positives, muss ich zugeben.« Sie musterte ihn aufmerksam und, wie ihm schien, nicht unfreundlich.

»Setz dich doch«, forderte sie ihn, einen Stuhl herausschiebend, auf.

Toni tat es, stützte die Arme auf den Tisch und musterte seinerseits Lottes Mutter. Er fand, sie sähe recht mütterlich aus, etwas mollig und die Züge ihres Gesichtes, die blauen Augen und die weichen, vollen Lippen erinnerten ihn an Lotte. Er lächelte. »Lotte und … du, ihr schaut euch sehr ähnlich.«

Sie hob eine Augenbraue. »Das soll bei Müttern und ihren Kindern zuweilen vorkommen.«

»Hm, ja. Von mir heißt es auch, ich sehe meiner Mutter ähnlich.«

Seine anfängliche Nervosität war längst verschwunden. Lottes Mutter war ihm auf den ersten Blick hin sympathisch gewesen und er ihr auch, das fühlte er, auch wenn dergleichen nicht erklärbar war.

Hinter ihm erklang plötzlich Lottes Stimme. »Ich sehe, ihr habt euch miteinander bekannt gemacht.« Sie trat hinter Toni, legte ihm ihre Hände auf seine nackten Schultern und wandte sich an ihre Mutter, fragte leise, mit einem hörbaren Lächeln in der Stimme: »Also? Was sagst du zu ihm, Mutti?«

»Er ist wirklich so, wie du ihn mir beschrieben hast, Lotte. Aber sehr jung. Sogar mit Schnurrbart schaut er keinen Tag älter als 20 aus!«

Toni fand es an der Zeit, sich einzumischen. »Ich bin 23 Jahre alt, fünf Monate und 6, nein sieben Tage, meine Damen. Und ich werde jeden Tag älter, ich verspreche es hoch und heilig.«

Lotte presste seine Schultern an sich. »Witzbold!«

Lottes Mutter schmunzelte ein wenig, dann wurde sie wieder ernst, sagte bekümmert: »Und ausgerechnet Landwirt bist du!«

»Ja. Na und? Was ist daran Schlimmes? Das ist der tollste Beruf der Welt.«

»Vielleicht. Aber ich kann mir Lotte nicht als

Bäuerin vorstellen. Und es ist euch doch ernst mit eurer Beziehung, oder?«

Toni nahm jede von Lottes Händen, die auf seinen Schultern lagen, in seine und drückte sie fest, legte sie an seine Wange. »Sehr ernst. Von mir aus können wir morgen Hochzeit feiern, Schwiegermutter.«

»Ach, Kinder! Nur nichts überstürzen. Ihr könnt euch viel Zeit lassen, um herauszufinden, ob ihr wirklich zusammenpasst!«, forderte sie.

»Aber wir wissen genau, dass wir für immer und ewig zusammengehören«, stellte Toni mit schönster Selbstverständlichkeit fest, drehte sein Gesicht zu Lotte und fügte hinzu: »Stimmt's nicht, Lotte?«

Lotte bestätigte lächelnd: »Stimmt.«

»Oh je. Jung und verliebt und alles andere egal und das Hirnkastel ausgeschaltet!«, seufzte Lottes Mutter auf und fügte etwas wehmütig hinzu: »So ist das halt in eurem Alter.«

»Du wolltest doch was zum Trinken holen?«

»Oh ja, hab ich ganz vergessen.« Er stand auf.

»Eure beiden Gläser hab ich in die Küche gestellt«, informierte Lottes Mutter die jungen Leute.

Sie gingen Hand in Hand hinaus. Lottes Mutter blickte ihnen nach, runzelte die Stirn. Sie versank in Gedanken, während leises Geflüster, Geraschel, Schritte und Türenschlagen zu hören waren.

Dann kam Lotte allein zurück zu ihrer Mutter und setzte sich zu ihr an den Tisch. »Er ist wirklich was Besonderes, nicht? Unglaublich lieb, findest du nicht, Mutti?«

Die Mutter sah ihre Tochter lange an. »Er macht auch auf mich einen sehr sympathischen Eindruck, das will ich gar nicht abstreiten, Lotte.« Sie legte ihre Hand auf die Lottes. »Aber so jung, Lotte! Und es geht mir zu schnell, mit euch beiden. Außerdem ist er Bauer, was willst du denn mit einem Bauern?«

»Ach Mutti, das ist ein Beruf wie jeder andere auch.«

»Denkst du! Aber Bauer sein ist anders. Ein Bauer braucht eine Bäuerin zur Frau. Lotte, Kind, du wirst doch nicht Bäuerin werden wollen?«

»Ach, nein, ... ich weiß nicht ..., irgendwie vielleicht schon.« Lotte zuckte unschlüssig die Schultern.

Ihre Mutter verlor ihre Ruhe. Erregt redete sie auf Lotte ein: »Lotte, das kannst du mir nicht antun und dir auch nicht. Du hast einen ordentlichen, angesehenen Beruf mit Zukunft, hast jahrelang dafür gelernt, hast eine sichere, gut bezahlte Stellung. Das wirst du doch nicht alles aufgeben, um den Rest deines Lebens unter Kühen zu verbringen?«

»Aber nein, Mutti. Dazu hänge ich zu sehr an meinem Beruf.«

Die Mutter schüttelte ratlos den Kopf. »Und wie soll es dann weitergehen, mit dir und dem Toni?«

»Na ja, ... es wird sich schon irgendeine Lösung finden. Vielleicht kann einfach jeder bei seinem Beruf bleiben?«

»So? Meinst du? Was sagt denn seine Familie dazu?«

»Weiß ich nicht. Ich kenne sie noch nicht.«

Die Mutter schüttelte noch einmal den Kopf. »Das kann ja heiter werden. Mir ist angst und bang, wenn ich daran nur denke.«

Die Sonne schien strahlend hell vom östlichen Himmel, die Vögel zwitscherten laut ihr Morgenkonzert und Toni wankte halb im Schlaf, mit Mühe die Augen offen haltend, zur Stallarbeit. Er stolperte unachtsam über einen Kübel, der laut scheppernd umfiel. Eine kleine Lache Milch breitete sich aus.

»Jessas, was machst du denn, Bua! Schüttet er mir die ganze Katzenmilch aus!«, schimpfte seine Mam.

»'Tschuldige, Mam. Der blöde Kübel ist mir aber auch wirklich mitten im Weg gestanden.«

»Wenn du deine Augen richtig offen hättest, dann tätest auch sehen, wo du hintrittst. Herrschaftseiten, Bua, seit Wochen bist du bald jeden Tag bis spät in die Nacht unterwegs. Das muss aber wieder anders werden, das sag ich dir, sonst rumpeln wir noch einmal gehörig zusammen, wir zwei!«, drohte sie ernsthaft, bevor sie sich abwandte und mit dem Melken begann.

»Was treibst du bloß allerweil in der letzten Zeit?«, wollte auch sein Vater unwirsch wissen.

»Ach, mein Gott …«, stotterte Toni, der es angesichts der angespannten Lage im Moment nicht ratsam fand, von Lotte zu erzählen.

»Heut' wird die obere Wiese gemäht und der Heuwender repariert, und nix ist es mit Herumstrawanzen, gelt!«

»Ja, ja, Babb, ist schon klar«, versprach Toni folgsam. »Ich versteh gar nicht, warum ihr so einen Zirkus macht, wenn ich einmal länger ausbleib. Beim Robert ist das Dauerzustand«, beschwerte er sich dennoch.

»Dem musst du ja nicht unbedingt nacheifern, nicht wahr?«, antwortete ihm der Vater und ging ebenfalls zum Melken.

Toni ließ erleichtert die Schultern fallen. Er stützte sich für einige Momente auf die Gabel und schaute den Kühen zu, wie sie unermüdlich mampfend das Futter in sich hineinschlangen. Die große gelbe Kuh hatte mit ihrem breiten Maul einen richtigen Vorratshaufen neben sich angelegt. Toni nahm die Gabel und verteilte das Futter neu, damit auch ihre Nachbarin nicht zu kurz kam. Dann stellte er die Gabel an seinen Platz und machte sich auf, das Gras für die Jungtiere zu holen.

Die Mutter rief ihm nach: »Schlaf mir bloß nicht ein auf dem Bulldog!«

»Ach wo!«, brummte er unwirsch.

Er schlief auch wirklich nicht, während er das Gras mähte und auf den Ladewagen lud. Er träumte von Lotte.

Da es aber weder ihm noch Lotte genügte, voneinander zu träumen, sahen sie sich so oft wie möglich, trafen sich jeden Abend und an den Wochenenden auch tagsüber.

Tonis Familie hatte natürlich schon bald den Verdacht, es könnte ein Mädchen dahinter stecken, und machte so einige sarkastisch-spöttische Bemerkungen in dem Bemühen herauszufinden, wer seine »Thusnelda« sei und was so absolut faszinierend an ihr wäre, dass er keine freie Minute mehr zu Hause verbrächte. Und warum er sich diesen komischen Schnauzbart wachsen ließe? »Ohne dieses Gestrüpp im Gesicht hast du mir aber wirklich besser gefallen!«, klagte seine Mam und versuchte, ihn dazu zu bewegen, den Schnauzer wieder wegzurasieren.

Toni hielt sich zurück, äußerte nicht viel zu den Bemerkungen, lächelte nur und meinte, sie sollten nicht gar so neugierig sein. Nicht einmal sich selber gegenüber gab er zu, dass er im Grunde genommen einen ausgesprochenen Bammel davor hatte, Lotte seiner Familie vorzustellen. Er war sich durchaus klar darüber, dass seine Eltern auf eine Städterin nicht von vornherein positiv reagieren würden.

Dagegen fühlte er sich bei Lotte buchstäblich pudelwohl. Ihre Mutter behandelte ihn sehr nett, wie ein Familienmitglied, wie den Sohn, den sie sich gewünscht, aber nie bekommen hatte. »Ich hätte liebend gern mehr Kinder gehabt, aber meine Ehe ist ziemlich schnell in die Brüche gegangen«, erklärte sie Toni, als er ihr half, die Einkäufe in die Wohnung zu tragen. Dass ihm Lotte einen Wohnungsschlüssel geben wollte, an den Gedanken musste sie sich trotzdem erst gewöhnen. Aber schließlich gab sie nach. »Also schön, dann gibst du ihm den Schlüssel. Gegen die Liebe ist eben kein Kraut gewachsen. Ich hoffe bloß ...« Sie verstummte und überlegte, dass es vielleicht unklug wäre, ihre Befürchtungen laut auszusprechen. »Ich hoffe, er ist der Richtige für immer und ewig, wie du es dir vorstellst, Lotte«, vollendete sie ihren Satz. Als Lotte mit dem Schlüssel davonlief, sah sie ihr recht bekümmert nach. Er war ja ein wirklich lieber Kerl, der Toni – wenn er nur nicht ausgerechnet Bauer wäre! Eine große Familie, mit der eine junge Frau, die da einheiratet, erst einmal zurechtkommen müsste und noch dazu, wo es den Bauern finanziell derartig schlecht ging, dass sie alle um das Überleben kämpfen mussten. Nein, da hatte sie sich als Schwiegersohn einen anderen, eine bessere Zukunft für Lotte erträumt. Aber sie war klug genug, dies für sich zu behalten und nicht gegen Toni anzugehen, denn wie sie Lotte kannte, hätte es nichts genutzt. Und als sie nach und nach feststellte, wie gut sich die beiden jungen Leute verstanden, tröstete sie sich damit, dass die persönliche Beziehung zwischen zwei Leuten wichtiger sei als Gut und Geld. Aber, zum Beispiel ein Zahnarzt als Schwiegersohn wäre schon schön gewesen! Da sie Toni sehr mochte, verbannte sie diesen Wunsch ins Land der Träume und Märchen.

Mit der Zeit war Toni bei Lotte in der Wohnung genauso zu Hause wie auf dem elterlichen Hof. Dort arbeitete er, aber seine gesamte Freizeit und die halben Nächte verbrachte er, sehr zum Missvergnügen seiner Familie, in der Stadt.

Eines Tages fuhr er gar erst morgens um fünf, als er zur Stallarbeit gebraucht wurde, auf den Hof. Er schlüpfte eilig in die blaue Arbeitskluft und machte sich pfeifend und gut gelaunt an die Fütterung.

»Ah, da schau her, unser Herr Sohn ist auch wieder da!«, stellte sein Vater grollend fest. »Wie ist das jetzt überhaupt mit dir? Bist du schon noch bei uns daheim oder inzwischen woanders?«

»Natürlich bin ich da daheim. Ich bin alle Tage da, oder?«

»Da haben wir ja Glück. Gestern Abend hat der Graf vom Kieswerk angerufen, er braucht dich heut den ganzen Tag als Aushilfsfahrer für einen Lkw und wir haben nicht einmal gewusst, wo du dich herumtreibst!«

»Ach? Soll ich zurückrufen?«

»Nein. Ich hab gesagt, du kommst.«

»Na, dann ist ja alles paletti.« Toni warf mit Schwung einige Heubüschel vom Heuboden herab.

Verschlafen tappte Robert auf Toni zu, gähnte. »Da bist du ja. Und ich bin aus dem Bett geschmissen worden, weil die Mutter gemeint hat, du kommst heute nicht rechtzeitig heim.«

»Schmarrn. Zu meiner Arbeit bin ich immer rechtzeitig da.«

»Gut zu wissen. Dann bleibe ich in Zukunft länger liegen. Schließlich muss ich momentan jeden Abend Überstunden machen. Da brauche ich die Bauernarbeit nicht auch noch.« Er gähnte erneut herzhaft, lehnte sich an das Stalltor, rieb sich die Augen und schaute in den klaren Sommermorgen. »He, wem gehört denn das Auto dort hinter dem Wagen?«

Auch der Vater wurde aufmerksam, machte ein paar Schritte, um den roten Kleinwagen besser zu sehen. Es war ein rotes Auto, wie Tonis, aber eben doch nicht seiner.

»Tatsächlich, ein fremdes Auto. Bist du mit dem gekommen, Toni?«

»Ja.«

»Und? Hast einen Unfall gebaut? Ist dein Auto kaputt?«

»Nein. Ich muss an dem«, sein Kinn deutete auf das fremde Auto, »was richten. Ein paar Löcher im Auspuff zuschweißen, das ist alles.«

»So! Und wem gehört dieses Auto?« wollte der Vater wissen.

Toni holte ganz tief Luft und antwortete dann mit bemühtem Gleichmut: »Meiner zukünftigen Schwiegermutter.«

»Was?« Tonis Mutter schrie ziemlich laut. Sie war unbemerkt dazugekommen. »Wem gehört das Auto?«

Den Männern hatte es die Sprache verschlagen.

Toni wiederholte: »Meiner zukünftigen Schwiegermutter!« und schnitt dabei eifrig Heuballen auf und verteilte sie an das Jungvieh.

»Sauber! Eine zukünftige Schwiegermutter gibt es also. Gut, dass wir das auch einmal zu wissen kriegen, was?«

Toni war unglaublich beschäftigt, das Heu zu verteilen. Er schaute kaum zu seiner erregten Familie hin, als er antwortete. »Wenn es euch recht ist, stell ich euch meine …, also die Lotte und ihre Mutter bald vor.«

Robert grinste erheitert über den Lauf der Dinge. Die Eltern sahen sich ernst an.

»Lotte heißt sie also.«

»Ja. Charlotte Hartinger.«

»Und weiter? Woher stammt sie? Von welchem Hof, aus welchem Dorf? Jetzt lass dir doch nicht jedes Wort aus der Nase herausziehen!«

»Die Lotte ist aus Angerburg, lebt mit ihrer Mutter in einer Mietwohnung und ist Zahntechnikerin.«

Der Vater beugte sich vor. »Was? Eine aus der Stadt? Und Zahntechnikerin ist die? Ja, Bua, was willst denn mit der bei uns auf dem Bauernhof?«

»Das ist ja eine, die null Ahnung von der Landwirtschaft hat«, fiel auch die Mutter entsetzt ein. »Um Gottes Himmels Willen, Bua, was hast du dir dabei bloß gedacht?«

Robert lachte spöttisch auf. »Gedacht hat er gar nicht. Verliebt hat er sich halt, unser Kleiner!«

»Du musst es ja wissen«, erwiderte Toni seinem gut einem Jahr älteren Bruder. »Du bist selber alle drei Wochen neu verliebt.«

»Ja, ja, es kann einen ganz gewaltig erwischen, mit den Weibern!«, seufzte Robert theatralisch und verdrehte die Augen. »He, ich bin neugierig auf deine Lotte. Wann stellst du sie uns vor?«

»Na ja, am Sonntag halt.«

Vater und Mutter sahen sich an. Die Mutter schüttelte den Kopf. »Also so was!«

Die zwei Brüder verließen den Stall. »Da hast du aber den Vogel abgeschossen mit deiner Heimlichtuerei«, grinste Robert erheitert und boxte seinen Bruder in den Arm. »Den Babb und die Mam hätt' beinahe der Schlag getroffen. Ausgerechnet ihr kleiner, allerweil braver Toni rückt mit einer Freundin und einer zukünftigen Schwiegermutter auf einmal an!«

Die Eltern sahen ihren beiden Söhnen nach. »Eine aus der Stadt!« Die Mutter schüttelte erneut den Kopf. »Zahntechnikerin, Jessas Maria!«

»Wird schon nicht so ernst sein«, versuchte der Vater zu beruhigen. »Verheiratet ist er mit der noch lange nicht.« Er erinnerte sich an das wetterwendische Gemüt seines Ältesten, wenn es um Liebesbeziehungen ging, und fand, es gäbe keinen Grund sich ernsthafte Sorgen zu machen.

Es wird ernst

Obwohl sie sich sagte, es gäbe keinen Grund dafür, hatte Lotte ein etwas flaues Gefühl im Magen, seit sie wusste, am Sonntag würde sie Tonis Eltern kennen lernen. Sie freute sich darauf zu sehen, woran sein Herz so offensichtlich hing: Hof, Wiesen, Felder und Wald, wovon er ihr vorgeschwärmt hatte, aber na ja – Schwiegereltern waren eben so eine Sache!

Sie straffte die Schultern und durchwühlte ihren Kleiderschrank nach etwas, das dem Anlass angemessen wäre, um einen guten Eindruck zu machen. Am Ende entschied sie sich für ein weißgrundiges, in blauen, gelben und grünen Tönen gemustertes Sommerkleid und niedrige Sandalen.

Toni stieß einen bewundernden Pfiff aus, als er sie abholte. »Fesch!«, stellte er fest und küsste sie.

»Wann kommt ihr denn wieder zurück?«, fragte Lottes Mutter mit einem Blick auf die Wohnzimmeruhr, die halb zwei Uhr nachmittags anzeigte.

»Oh, es wird sicher spät«, antwortete Toni.

Sie sprachen wenig auf der Fahrt. Erst als sie fast in Irzing angekommen waren, wurde er gesprächig. »Siehst du, da vorne? Unser Kirchturm. Wir fahren an der Kirche allerdings nicht mehr vorbei, wir biegen vorher ab, hier in den Hasenweg. Und der letzte Hof rechts, das ist unserer. Der Daller von Irzing.« Unverkennbar mit Stolz in Stimme und Gestik deutete er auf ein hohes zweistöckiges Haus, das mit dem Giebel zur Straße hin gebaut war. Ein sich an der Straße entlangziehender Bauerngarten mit Blumen am Zaun und vielen Gemüsebeeten lag davor. Rote Kletterrosen leuchteten neben einer Türe und einem anschließenden breiten Tor, durch das Toni in einen weiten, gekiesten Hof einfuhr.

»Da sind wir!« Toni beugte sich vor, zeigte mit den Händen und redete wie ein Schlossführer: »Hier, meine Dame, sehen Sie also das Wohnhaus. An den vielen Blumenkübeln links und rechts von der Haustür erkennt man unschwer die Vorlieben meiner Mam.«

»Und am Balkon«, warf Lotte ein.

»Ja, genau. Und nach dem Wohnteil, das ist der frühere Pferdestall und der alte Kuhstall, in dem aber schon seit langem keine Tiere mehr gehalten werden, weil er viel zu klein wäre.«

»Was ist denn drin?«

»Alles mögliche: Brennholz, Gerümpel, Werkzeuge, die Kreissäge und so weiter. Um die Ecke herum kommen Garagen und der alte Maschinenschuppen, wo unsere kleineren Maschinen, Traktoren und ein paar Wägen drin sind, danach die Strohscheune, gegenüber vom Haus ist der neuere Stall, oben drüber der Heuboden, dann, wieder ums Eck, die Silotürme und schließlich die neue

Maschinenhalle für alle großen Maschinen: Traktor, Mähdrescher, Ladewagen usw. Voilà – das ist unser Hof.«

»Wauh! Ziemlich groß. Allein der Hofraum – das gäbe in der Stadt Platz für vier Einfamilienhäuser!« Lotte war beeindruckt.

»Den Platz braucht man, sonst könnte man mit den großen Maschinen nicht rangieren.«

»Hm.« Lotte fröstelte unwillkürlich. Ihr kam der weite, leere, Hofraum trotz der sommerlichen Wärme sehr kahl und kalt vor: Weiße Mauern, dunkelbraun gestrichen die Fenster, die großen Tore und die mit Holz verschalten oberen Teile der Wirtschaftsgebäude, dazu der einförmig graue Kies.

Lotte zog die Schultern ein. Nur vor dem Wohnhaus blühten üppig rote Geranien, weiße und gelbe Margeriten, blaue Fächerblumen und orangerote Kapuzinerkresse wucherten bis auf den Kiesboden.

Im Fenster neben der Haustüre bewegte sich eine Gardine.

Lotte sah schnell wieder weg.

Währenddessen war Toni unter das Vordach des alten Kuhstalles gefahren und hatte das Auto geparkt. »Komm, wir gehen ins Haus.« Er nahm ihre Hand und zusammen schritten sie auf die offene Haustüre zu.

Unter den überhängenden Blumen eines Tonkübels stob eine schwarze Katze fauchend davon und erschreckte damit ihrerseits Lotte. »Um

Gottes Willen!« Aus einigen Metern sicherer Entfernung starrte sie misstrauisch und einen Buckel machend zu ihnen zurück.

Toni lachte. »Nur unser Kater. Er faucht alle Leute an, mit Ausnahme unserer Mam, von der er gefüttert wird.«

Sie traten ins Haus, in einen langen, sicherlich fast drei Meter breiten Flur, der durch die ganze Breite des Hauses auf eine weitere, hintere Haustüre zulief, die in den Garten führte. Der Boden war mit weißen und dunkelgrauen Fliesen gepflastert, ein einzelner Stuhl, eine große Schusterpalme und eine einfache Garderobe aus einer Reihe von Metallhaken bildeten die ganze Einrichtung. Rechts, neben einer dunkelbraunen, hölzernen Treppe mit einem schön gedrechselten Geländer, die ins obere Stockwerk und auch in den Keller ging, stand vor einer halb offenen Türe eine sehr alte, hagere Frau. Ihr Rücken war gekrümmt, dünne, silberne Haare, zu einem kleinen Knoten am Hinterkopf gesteckt, bedeckten ihren schmalen Kopf. Helle blaue Augen musterten Lotte erst neugierig und ernst, dann fing sie an, höflich und zurückhaltend zu lächeln.

»So, das ist also deine geheimnisvolle Freundin«, wandte sie sich an Toni. »Eine ganz Hübsche hast du dir da ausgesucht!« Sie musterte Lotte, ließ ihre hellen Augen zwischen ihr und dem Enkel hin und her gleiten.

»Oma, grüß dich. Ja, das ist die Lotte.« Er hatte einen Arm beschützend um Lotte gelegt und sie in einem Ton vorgestellt, der klar ausdrückte, dass er

Lotte für etwas ganz Besonderes hielt. »Lotte, das ist unsere Oma.«

»Grüß Gott«, sagte Lotte höflich und nervös, weil sie nicht zu erkennen vermochte, ob sie Tonis Oma willkommen wäre. Sie streckte ihre Rechte aus.

»Grüß dich Gott, Lotte.« Die alte Frau nahm ihre Hand, schüttelte sie, zögerte einen Moment, nickte ein paarmal vor sich hin, als hätte sie einen wichtigen Entschluss gefasst. »Zu mir darfst du Oma sagen. Ich bin für alle im Dorf die Daller-Oma.«

Die Türe hinter Ihr wurde weiter aufgestoßen und ein ebenso alter, ebenso hagerer und gebeugter alter Mann mit schütteren, grauen Haaren auf dem Kopf trat langsam heraus. Er hatte tiefe Falten im Gesicht und schaute sich misstrauisch um. Die Daller-Oma schrie ihm ins Ohr: »Das ist die Lotte, dem Toni seine Freundin!«

»Ah, ja, ja, versteh schon. Grüß dich!« Der Alte nickte heftig und verzog seine Lippen zu einem zahnlosen Lächeln.

»Also Opa! Warum hast du denn deine Zähne wieder nicht im Mund?«, fragte seine Frau unwirsch.

»Ach die!« Er wischte abwertend mit der Hand durch die Luft. »Brauch ich nicht. Passen eh nicht mehr gescheit!«

Lotte hatte Mühe, sein in tiefstem Bayerisch vorgebrachtes Genuschel zu verstehen, aber unwillkürlich musste sie lächeln.

Der Daller-Opa öffnete seinen Mund, um ihr haarklein alles über den Ärger mit seinen Zähnen zu erzählen. »Es ist ein Kreuz mit meinen Zähnen, weißt du …«

Hinter ihnen erklang ein lautes Räuspern.

»Ah, da ist unsere Mam. Mam, das ist die Lotte.« Toni zog Lotte mit sich, bis sie beide vor seiner Mutter standen.

Lotte streckte wieder ihre Hand aus. »Grüß Gott.«

»Grüß Gott.« Tonis Mutter, sie stirnrunzelnd musternd, drückte sie nur kurz, fast widerwillig, wie ihr schien.

Lotte sah sich einer sehr schlanken, erstaunlich jungen Frau gegenüber, der man ihre 45 Jahre nicht ansah. Kurze, braune Haare, modern und flott geschnitten, harmonierten sehr gut mit ihren etwas scharfen Gesichtszügen, Nase und Kinn sehr fest und energisch, schmale, scharf gezeichnete Lippen ohne Lächeln.

Ohweia, fuhr es Lotte durch den Kopf, mit der ist nicht gut Kirschen essen. Aber im selben Moment, als wolle sie ihr das Gegenteil beweisen, erschien ein leichtes, etwas mühsames Lächeln auf ihrem Gesicht. Ihre Züge wurden weicher. »Ja, dann kommt herein.« Sie trat einen Schritt zurück und hielt die Stubentüre auf.

Toni schob Lotte vor sich in die helle Wohnküche. Sie war groß. Da hätte bald unsere ganze Wohnung drin Platz, musste Lotte denken. Durch zwei Außenmauern mit je zwei Fenstern war der ganze Raum lichtdurchflutet. Jede Fensterbank zierten mehrere Blumentöpfe. An einer Innenwand standen breit und mächtig ein großer Holzfeuerungsherd, daneben ein moderner Elektroherd und eine moderne hölzerne Einbau-Küchenzeile. Die Wand neben der Türe nahm ein mächtiger Nussbaumschrank ein, wie man ihn um 1900 in den Wohnzimmern aufstellte.

In der Ecke, unter den Fenstern, befand sich eine große bäuerliche Eckbank. Dort saß Tonis Vater am Tisch, eine Zeitung vor sich über den ganzen Tisch ausgebreitet und verstreut.

Er sah jung aus, wie seine Frau, war etwas fülliger, aber nicht dick, hatte stark gelichtetes hellbraunes Haar über der Stirn, eine gesunde, braune Gesichtsfarbe mit deutlich rötlichen Backen.

Noch einmal musste Lotte eine eindringliche, ernste Musterung über sich ergehen lassen, noch einmal das Begrüßungszeremoniell.

Danach faltete Tonis Vater die Seiten der Zeitung zusammen, brummte: »In der nächsten Zeit sind mehrere Feldtage. Da sollte man eigentlich hinfahren. Könnte nicht schaden, sich über die neuesten Getreidesorten zu informieren.« Er fixierte Toni. »Und unsere Herren Söhne bleiben daheim und übernehmen die Stallarbeit am Abend, oder?«

»Aber klar, Babb. Das weißt du doch, jederzeit machen wir das. Du musst uns nur Bescheid sagen, nicht wahr!«

»So? Dann ist es ja gut.«

Tonis Vater grinste ganz leicht, aber zufrieden in

sich hinein, nachdem er auf diese Weise eindeutig klargestellt hatte, wer der Boss in Haus und Betrieb war.

Unversehens wandte er sich an Lotte. »Aus der Stadt bist du also? Und arbeitest auch dort?«

»Ja«, erwiderte Lotte bereitwillig. »Ich bin Zahntechnikerin in einem Dentallabor.«

»Oh je. Immer nur falsche Zähne und Gebisse machen, eine schöne Arbeit ist das aber nicht, oder?«, meinte Tonis Mutter und schüttelte sich ein wenig.

»Oh doch. Mir gefällt meine Arbeit sehr gut. Man muss natürlich sehr exakt arbeiten, geschickt sein und immer wieder die neuesten Techniken dazulernen, da wird einem nie langweilig.«

Die Oma zupfte Lotte am Ellenbogen und wisperte ihr eifrig zu: »Da verdient man bestimmt nicht schlecht, nicht wahr? Mein Gebiss war ganz schön teuer, ich hab viel dazuzahlen müssen.«

»Ah …« Lotte hatte es einigermaßen die Sprache verschlagen. »Ich bin ganz zufrieden mit meinem Gehalt.«

»Ja, ja, gelt!«, freute sich die Oma über die Bestätigung ihrer Vermutung.

»Komm, Lotte, wir gehen hinaus und ich zeig dir den Hof, bevor unserer Oma noch mehr neugierige Fragen einfallen!« Toni nahm Lotte am Arm.

»Aber zum Kaffee kommt ihr doch wieder? Ich hab extra eine Erdbeertorte gebacken«, versicherte sich Tonis Mutter.

»Ja, ja. In einer guten Stunde oder zwei sind wir wieder da«, versprach Toni und zog Lotte eilig mit sich hinaus.

Draußen vor der Haustüre atmete Lotte tief auf. Sie hatte gar nicht gemerkt, wie angespannt sie gewesen war.

Toni legte seinen Arm um Lotte. »So, jetzt wirst du staunen, wie schön es auf einem Bauernhof ist.«

»Ich staune jetzt schon. Alles ist so …, so groß, so weiträumig. Der Innenhof hier, das Haus, allein der Hausflur und die Wohnküche kommen mir riesig vor.«

»Aber klar. Du musst dir vorstellen, früher gab es auf einem Hof nicht nur eine große Familie mit vielen Kindern, sondern auch noch eine Menge Dienstboten. Da waren die großen Räume einfach dringend notwendig. Aber jetzt zeig ich dir erst einmal alles, auch die Felder und unseren Wald.«

»Euer Wald?«

»Na klar. Ein Wald gehört auch zu unserem Hof.«

Auf einem langen Spaziergang, bei dem Toni abwechselnd hüpfte und sprang, hierhin und dorthin deutete und redete wie ein Wasserfall, erfuhr Lotte, was alles zum Hof gehörte: Kühe, Kälber, Mastvieh, Felder mit Weizen, Gerste, Raps und Mais, ein Holz, wie er den Wald nannte, mit alten hohen Fichten und neu angelegten Laub- und Mischwaldschlägen, eingezäunt gegen den Verbiss durch die Rehe.

Mit kaum erlahmender Begeisterung zeigte er

Lotte zuletzt die Gebäude der Hofanlage, den Stall, die außen aufgestellten Kälberboxen, deren quicklebendige, großäugige Bewohner Lotte nur zu gern streichelte. »Die kommen doch nicht zum Metzger, oder?«

»Na ja, einige nicht. Das Kalb hier wird zum Beispiel einmal eine große schöne Kuh, die viel Milch gibt.«

Getreideboden, Heuboden, Strohschuppen, Silos, Maschinenhalle – tausend Eindrücke und Informationen stürmten auf Lotte ein. Am beeindruckendsten fand sie es, vor den großen Maschinen zu stehen. »Mein Gott, sind die hoch.« Sie kletterten auf den Mähdrescher und dann in die Kabine des großen, 120 PS starken Bulldog. »Den würde ich gern einmal fahren! Wozu sind all die Hebel und Anzeigen?«

Toni, der sich im Fahrersitz niedergelassen hatte, zog Lotte auf seinen Schoß. »Erklär' ich dir alles!«

»Bestimmt? Mit dem will ich fahren! Total toll!«

»Aber es muss nicht jetzt sofort sein, oder?« Er drückte sie an sich und küsste sie.

»Mh. Ich bin richtig erledigt, so lange sind wir herumgelaufen«, sagte Lotte leise und schmiegte sich an ihn. »Gut, dass ich so vernünftig war, bequeme Sandalen anzuziehen. Mein Gott«, sie riss die Augen auf, »wie spät ist es überhaupt?«

Er hielt sie weiter fest, drückte Küsse auf ihren Hals und ihre Wange.

»Toni, wir sollten doch zum Kaffee kommen.

Wie spät ist es?« Sie drehte seinen Arm und beide sahen auf die Armbanduhr.

»Oh, ziemlich spät. In einer guten halben Stunde ist die Stallarbeit fällig.«

Eilig kletterten sie vom Traktor und rannten über den Hofraum ins Haus. Die Eltern und die Großeltern saßen bereits bei Kaffee und Kuchen.

»Das hat aber gedauert!«, begrüßte sie Tonis Mutter mit leiser Kritik. »Wir haben schon angefangen mit dem Kaffee. Die Viecher wollen schließlich rechtzeitig versorgt werden.«

Toni schenkte ihnen beiden den Kaffee ein. »Ja, ja, das schaffen wir schon.« Seine Mutter bot die Erdbeertorte an, ein hohes, sahniges, mit leuchtend rot belegten Früchten verziertes Kunstwerk, das Lotte rückhaltlos bewunderte. »Was für eine fabelhafte Torte. Ist die selbst gemacht?«

Tonis Mutter nickte. »Aber selbstverständlich.«

Lotte probierte den ersten Bissen. »Schmeckt großartig. Mh. Sehr gut.«

Das Lob entlockte Tonis Mutter nun doch ein Lächeln. »Wo käme man denn da hin, wenn man Kuchen und Torten beim Bäcker kaufen würde. Nein, das mache ich alles selber. Im Winter, wenn ich mehr Zeit hab, öfters sogar Semmeln und Brot. Schmeckt ja auch alles ganz anders als das Zeug aus dem Laden!« Sie war sichtlich stolz auf ihre Erzeugnisse.

»Fabelhaft«, stimmte Lotte zu und getraute sich nicht zu gestehen, dass sie und ihre Mutter nur ganz selten selber Kuchen backten. »Bei einer großen Familie rentiert sich diese Arbeit.« Sie unterhielten sich eine Weile über Essen und Kochen. Dann trank Tonis Vater seine Tasse leer, stellte sie mit leisem Klirren ab. »Jetzt ist es aber höchste Zeit für die Stallarbeit!«

Lotte und Toni hatten kaum aufgegessen. Mit dem letzten Bissen des Tortenstückes im Mund nickte Toni. »Bin schon fertig.«

»So? Und jetzt willst erst noch in die Stadt fahren?«

»Nein, nein. Lotte bleibt da und hilft mir, gelt Lotte?«

»Ja, gern«, antwortete Lotte etwas überrascht.

Seine Mutter blickte demonstrativ auf Lotte. »In dem schönen Kleid und den dünnen Sandalen?«

Lotte sah verunsichert an sich hinunter. Mit Stallarbeit hatte sie nicht gerechnet.

»Kein Problem, Lotte. Wir finden schon was für dich«, behauptete Toni ungerührt und legte beruhigend eine Hand auf ihren Arm.

Lotte fühlte zum wiederholten Male die scharf beobachtenden Augen von Tonis Großmutter auf ihnen beiden ruhen. »Ich hab eine frisch gewaschene Wickelschürze, Lotte. Die passt dir bestimmt.«

Lotte musste mitgehen in ihr Schlafzimmer und bekam die bunt geblümte Schürze ausgehändigt. »So. Ein bisserl lang für deinen Geschmack, aber das macht nichts. Hm. Lotte, ihr beiden, der Toni und du, ihr seid euch wohl schon richtig einig, was?«

»Äh, ja«, gab Lotte überrumpelt zu.

»Sehr verliebt ineinander«, murmelte die alte Frau vor sich hin. »Bist dem Toni viel wert, das merkt man.«

Lotte wurde verlegen, wusste nicht, was sie darauf sagen sollte.

Tonis Oma nickte tief in Gedanken vor sich hin, seufzte ein wenig. »Na ja, so ist das jetzt eben. Kann man nix machen.« Sie ging langsam aus dem Zimmer und ließ Lotte beim Umziehen allein.

Passende Schuhe fanden sich natürlich nicht. »Macht nichts«, winkte Toni ab. »Den Traktor und den Futterboden überstehen deine Sandalen. Melken und Ausmisten musst du ja wirklich nicht ausprobieren!«

Erschreckt verneinte Lotte.

Den 45iger Traktor (was heißen sollte, dass er »nur« 45 PS unter der Haube hatte, wie Toni erklärte) zu fahren, Gras zu mähen und auf den Ladewagen zu laden und den Kühen Silage vorzulegen, machte ihr viel Spaß. Als sie erhöht vor den wuchtigen Kuhköpfen mit den sanften, großen runden Augen stand, zusah, wie sie das Futter in sich hineinschlangen, konnte sie Tonis Begeisterung für seinen Beruf fast verstehen. Lotte hockte sich vor eine besonders schöne Kuh, mit gleichmäßig geschwungenen Hörnern, gelocktem weißem Fell im Gesicht und streichelte sie.

»Oh!« Die Kuh hatte blitzschnell ihren Kopf hochgezogen und mit erstaunlich rauher, warmer und sehr nasser Zunge über ihre Hand geschleckt.

Eine andere schüttelte energisch ihren großen Kopf, als sie sie anfaßte, und Lotte bekam einen vagen Eindruck, wieviel Kraft in so einem Muskelpaket doch steckte. Als das Gebrumm der Melkanlage verstummt und der Futterbarren leer gefressen war, rieben zwei andere Kolosse ausgiebig ihre Köpfe aneinander und leckten sich gegenseitig. »He, schau mal«, rief Lotte zu Toni hin, »die zwei schmusen miteinander.«

»Ja, die Bless und die Rote, die sind dick miteinander befreundet. Solche Pärchen gibt es mehrere. Und andere wieder können sich nicht ausstehen, gehen sich auf der Weide draußen aus dem Weg, und wenn man sie im Stall nebeneinander aufstellt, fangen sie an, wie die Wilden zu raufen. Komm mit, jetzt müssen wir noch die Kälber füttern.«

Toni bereitete den Kälbertrank und steckte die Kübel mit den Saugern daran im Eiltempo in die vorgesehenen Halterungen. Die Kälber tranken ihre Mahlzeit gierig aus. Als Lotte einem ihre Hand hinstreckte, eigentlich in der Absicht, das Tierchen zu streicheln, packte es ihre Finger mit dem Maul und saugte mit rauher Zunge daran. Es merkte bald, dass die Mühe umsonst war und wandte sich wieder seinem Trank zu.

»Oh, Toni, ich glaube, ich kann nie wieder Kalbfleisch essen!«

»So? Das wäre aber nicht sehr sinnvoll. Dann dürftest du konsequenterweise auch keine Milch, keinen Joghurt, keinen Käse und überhaupt nichts, was mit Milch gekocht wird, essen. Denn eine Kuh gibt nur Milch, wenn sie in regelmäßigen Abständen kalbt – und wohin mit all den Kälbern? Die Rinderseuche macht uns das Leben schon schwer genug. Und wenn niemand mehr Milch und Fleisch essen will, dann würden auch keine Kühe mehr gehalten werden, und all die Tiere kämen erst gar nicht auf die Welt.« Er zuckte die Schultern. »So ist das. Ich finde ja auch, dass der liebe Gott manches auf dieser, unserer schönen Welt saudumm eingerichtet hat – dieses Fressen und Gefressenwerden, nach dem die ganze Welt funktioniert – aber so ist es nun mal.«

»Hm.« Lotte streichelte das Kälbchen vor ihr. »Ich glaube, es ist gar nicht so schlecht, mit Zahnprothesen zu tun zu haben!«

Toni legte den Arm um ihre Mitte, drückte sie an sich. »Hauptsache, es geht ihnen gut, solange sie leben, meinst du nicht?«

Lotte nickte zögernd. »Bist du jetzt fertig?«

»Bald. Dann bummeln wir in der Stadt herum, okay?«

»Okay. Aber weißt du«, Lotte roch an ihren Händen, Armen, an der Schürze, »ich glaube, ich muss vorher unbedingt duschen!« Sie roch nach Kuhstall, über und über und ganz eindeutig.

»Ja, gut. Ich dusche jetzt gleich und dann fahren wir zu dir in die Wohnung.«

Beim Abschied von Tonis Eltern lobte Lotte noch einmal die wunderbare Erdbeertorte. Die Mutter wollte dann wissen: »Hat es dir gefallen bei uns?«

»Oh ja«, antwortete Lotte. »Ich bin sehr beeindruckt. Ich habe nicht geahnt, wie weiträumig und groß alles ist auf diesem Bauernhof. So viel Platz rund herum bis zum nächsten Nachbarn, das ist wirklich schön.«

»Na ja, wenn man nur die Reihenhäuser in der Stadt gewohnt ist, kommt einem das natürlich großartig vor!«, stellte Tonis Mutter selbstzufrieden fest.

Die Oma winkte von der Haustüre aus, als sie abfuhren. Lotte meinte, sie hätte sich gar nicht so schlecht geschlagen.

Später berichtete sie ihrer Mutter einigermaßen begeistert und überwältigt von Tonis Elternhaus und gestand, dass sie einen Heidenrespekt vor den Kühen hätte, sie waren doch ziemlich mächtige Tiere, wenn man neben ihnen stand. »Tonis Eltern müssen zum Melken direkt zwischen die Kühe gehen, also ich weiß nicht, mir wäre es da nicht geheuer. Tonis Mutter hat auch zugegeben, dass es gar nicht so ungefährlich ist, sie hat unzählige blaue Flecke durch die Kühe davongetragen, und einmal ist sie direkt umgestoßen worden und hat sich schlimme Prellungen zugezogen. Es reicht schon, wenn einmal eine Kuh mit dem Schwanz ausschlägt und einem am Arm oder gar im Gesicht erwischt, sagt sie.«

»Mein Gott, Lotte, Kind, du willst doch nicht allen Ernstes Bäuerin werden?«

»Der Toni sagt, es wird alles viel einfacher und ungefährlicher, wenn erst ein moderner Melkstand gebaut ist, dann erwischen einen die Kühe nicht mehr und inzwischen gibt es sogar computergesteuerte Melkroboter!«

»Lotte, denk nach, wie schön du es mit deinem Beruf hast. Und eine kleine Wohnung in der Stadt, das lass dir gesagt sein, ist viel leichter sauber und in Ordnung zu halten, als ein großräumiges Bauernhaus oder gar ein ganzer Hof. Was da an Aufwand und Arbeit drinsteckt, um so einen Hof zu erhalten!«

Lotte sah fast ein wenig unglücklich und bedrückt drein. »Aber Mutti, im Grunde geht's nicht um den Bauernhof. Wichtig für mich ist doch einzig der Toni und unsere Beziehung. Und siehst du, – wir lieben uns eben.«

Lottes Mutter seufzte sehr tief. »Ich mag ihn auch, deinen Toni. Aber tausendmal lieber wäre er mir, wenn er nicht ausgerechnet ein Bauer wär. Ein Zahnarzt müsste er sein!«

»Ach was, irgendwie wird es schon gehen!«

Die nächsten Wochen zeigten nur allzu deutlich, dass die beiden jungen Leute keinesfalls voneinander lassen wollten, im Gegenteil. Lotte fuhr öfter als früher mit ihm auf den Hof. Sie erlernte begeistert den Umgang mit dem Traktor und anderen Maschinen, und ihren Urlaub verbrachte sie nicht wie sonst an einem Strand in Portugal, sondern auf dem Dallerhof in Irzing bei der Ernte.

Besonders ihre Mutter hatte, nachdem sie die Bauernfamilie auch kennen gelernt hatte, den Eindruck, dass ihre Lotte nicht unbedingt die Schwiegertochter war, die sie sich gewünscht hatten. Was sie maßlos ärgerte. Ihre Lotte als Schwiegertochter, schön, jung, gesund, guter Beruf, da müssten sie sich im Grunde genommen alle zehn Finger abschlecken – aber nein! Und die Art und Weise, wie Tonis Vater gesagt hatte: »Kellnerin bist du also!«, brachte sie vollends in Rage. Als wär etwas ehrenrühriges an diesem Beruf! Dabei war sie seit vielen Jahren eine angesehene und beliebte Kraft in ein und demselben Gasthaus, nebenbei dem besten in ganz Angerburg! Auch dass sie »eine Geschiedene« war, gereichte ihr, wie sie herausfand, in den Augen von Tonis Familie keineswegs zur Ehre. Und die Bemerkung der zukünftigen Schwiegermutter, mit dem Heiraten hätte es ja noch viel Zeit, gelt, nahm sie erst recht übel, auch wenn sie eigentlich genauso dachte und manchmal, vermutlich wie die zukünftigen Schwiegereltern, heimlich hoffte, Lotte würde sich am Ende in einen anderen verlieben.

Einmal überlegte sie sogar kurz, ob sie nicht etwas unternehmen konnte, um die beiden auseinander zu bringen, aber Toni war nun wirklich ein lieber Kerl und überhaupt, brachte sie es angesichts der Verliebtheit und des Glückes, das dem jungen Paar aus den Augen leuchtete, gar nicht übers Herz. Kommt Zeit, kommt Rat, tröstete sie sich, und im Übrigen, welche Beziehung hielt heutzutage schon längere Zeit?

Die Entscheidung

Lotte und Toni ließen sich von ihren Eltern nicht im Mindesten beirren. Sie waren unerschütterlich überzeugt, jeweils den richtigen Partner fürs Leben gefunden zu haben. Daraus machten sie kein Hehl und verhielten sich entsprechend.

Und deshalb passierte es eben. An dem Tag, als Lottes und Tonis Verdacht vom Arzt bestätigt worden war, lagen sie sich in den Armen und tanzten herum und küssten sich, völlig außer Rand und Band. »Wunderbar! Das hat ja schnell geklappt. Jetzt heiraten wir aber sofort. Keiner kann mehr was dagegen sagen und von Abwarten faseln!«

Das glückstrahlende Paar löste bei Lottes Mutter nach dem ersten Schock verhaltene Freude aus. »Jessas, ich werde Oma. Was wird es denn?«

»Wissen wir noch nicht. Ist noch zu früh.«

»Egal. Kinder, ist das schön. Ich werde Oma. Jetzt machen wir eine Flasche Sekt auf, das muss gefeiert werden. Und du trinkst hauptsächlich Orangensaft, Lotte. Alkohol ist nichts für werdende Mütter. Mein Gott. Wie ich mich freue!«, wiederholte Lottes Mutter noch einmal und strahlte nicht weniger als die beiden jungen Leute. Von Stund an hatte sie sich auch völlig mit Toni als

Schwiegersohn, möglichst für immer und ewig, abgefunden.

Gemeinsam, Hand in Hand, traten sie bei nächster Gelegenheit vor Tonis Eltern, entschlossen, ihnen die Neuigkeit zu verkünden. Ein schöner, milder Herbsttag war es, und die ganze Familie hielt sich im Obstgarten auf, um die letzten Äpfel und Birnen von den Bäumen zu pflücken.

»Also, Babb, Mam, wir müssen euch was Wichtiges sagen!«, fing Toni an.

»So? Was gibt's denn?« Tonis Mutter schüttete die Äpfel aus einem Kübel in den großen Korb. Sie sah kurz zu ihnen hin, bemerkte den feierlichen Gesichtsausdruck, den Blick, den die beiden tauschten und wurde aufmerksam. Ihr schwante nichts Gutes, wie sie es später ihrem Mann gegenüber ausdrückte.

»Also, es ist so: Wir kriegen ein Baby.«

Tonis Mutter rührte sich nicht mehr, die letzten Äpfel kullerten ihr vor Schreck auf den Boden. Auch der Vater war momentan erstarrt, fing sich wieder, klaubte die auf den Boden gefallenen Äpfel in den Korb. Er richtete sich auf. »Ein Baby!«

»Ja.« Toni und Lotte lächelten sich an. Toni sagte, als wäre es etwas sehr Positives: »Ihr werdet Großeltern!«

Seine Mutter fand die Sprache wieder. »Das hätte uns aber nicht so furchtbar pressiert. Ist es auch ganz sicher?«

»Aber ja, natürlich«, erwiderte Lotte erstaunt.

»Wenn das so ist, ja, dann kann man halt nichts mehr dran ändern«, murmelte sie vor sich hin.

Tonis Großeltern waren ebenfalls dabei, sammelten das Fallobst auf. Die Oma packte den Opa am Arm und wiederholte laut: »Hast du's verstanden? Ein Baby kriegt sie, die Lotte.«

»Ein Baby?« Er verzog seinen wieder einmal gebisslosen Mund zu einem fröhlichen Grinsen. »Gut, gut.«

Die Oma eilte lächelnd zu Lotte, nahm sie beim Arm. »Das ist eine Freude. Wann ist es denn soweit?«

»Nächstes Jahr im Juni.«

»Opa, hast gehört? Nächstes Jahr im Juni werden wir zwei Urgroßeltern!«

Die beiden Alten freuten sich ohne Zweifel.

Tonis Eltern waren ernst geblieben. »Und wie geht das jetzt weiter?«

Toni antwortete lapidar: »Heiraten tun wir halt so bald wie möglich, ist doch ganz klar.«

»Aha, heiraten.« Seine Mutter überlegte mit gerunzelter Stirn. »Und wie stellt ihr euch das weiter vor? Dein Zimmer ist nicht sonderlich groß für zwei Erwachsene und ein Kind. Bevor geheiratet wird, nimmt man sich normalerweise Zeit zum Überlegen und zum Herrichten fürs Haus, damit hinterher alles passt und alle gut untergebracht sind. Wie soll das jetzt gehen, wo das Kind schon unterwegs ist?«, stellte sie in rügendem Ton fest.

»Dann müssen sie eben damit zufrieden sein, wie es ist!«, bestimmte der Vater kurz und bündig.

Eilig erklärte Lotte: »Oh, ich, oder vielmehr wir haben uns ausgedacht, dass wir bei meiner Mutter in der Stadt wohnen, bis das Baby kommt. Schon deshalb, weil ich bis dahin auf alle Fälle arbeite. Ich kann unmöglich meinen Chef so schnell im Stich lassen.«

»Was, in der Stadt wohnen? Du auch?«, fuhr der Vater Toni an.

Toni antwortete: »Ja, so ungefähr jedenfalls. Wir haben gedacht, das ist für Lotte viel praktischer. Ich bin trotzdem jeden Tag tagsüber da, wie jetzt auch!«

»Sauber! Das sind Zustände!«

Die Mutter fügte klagend hinzu: »Das kann ja lustig werden! Ein Bauer, der morgens zur Arbeit kommt wie ein Arbeiter in seine Firma. Und was ist, wenn über Nacht ein Kalb auf die Welt kommt oder sonst was passiert? Damit dürfen wir dann allein fertig werden, was?«

»In solchen Fällen bleibe ich natürlich über Nacht da, das ist doch gar kein Problem. Außerdem, den Robert gibt's auch noch zum Helfen, wenn es notwendig sein sollte. Und wenn das Kind erst da ist und Lotte in Mutterschaftsurlaub, ziehen wir beide hier auf den Hof.«

»So! Feine Aussichten!« Die Augen von Tonis Mutter glitten über Lotte, die in einem hübschen Kleid, ganz städtisch aussehend, vor ihnen stand, nicht in Schürze und Kopftuch, ganz auf Landarbeit eingestellt, wie sie selber. »Bist du schon sicher, dass du überhaupt noch Bauer sein willst?«, fragte sie ihren Sohn.

»Aber natürlich, Mam. Das sind doch alles keine unlösbaren Probleme.« Toni wurde ärgerlich. Er legte demonstrativ den Arm um Lotte. »Ich weiß gar nicht, was ihr habt. Freut ihr euch gar nicht über das Baby?«

Die Mutter straffte ihre Schultern, zwang sogar ein Lächeln auf ihr Gesicht. »Doch, doch, natürlich. Es kommt halt alles etwas überraschend für uns. Wir müssen uns an die neue Situation erst gewöhnen.«

Der Vater meinte: »Ist vielleicht gar nicht so schlecht, wenn die Lotte vorläufig in der Stadt wohnt. Da haben wir Zeit, ein Zimmer im Haus herzurichten.«

»Ja, das schon«, bestätigte die Mutter. »Aber mein Gott, was die Leute im Dorf alles über uns reden werden! Das wird ein Geratsche geben!«

Toni zuckte ungerührt die Schultern. »Das ist uns herzlich wurscht, gelt, Lotte? Hauptsache uns gefällt es, wie es ist!«

»Ja«, erwiderte Lotte zögernd und etwas mühsam lächelnd. Sie bückte sich und fing an, Äpfel aufzuklauben, warf sie bei Oma und Opa in den Korb. Nicht losheulen, befahl sie sich und schluckte hart, nur das nicht.

Fast verzieh Lotte ihren zukünftigen Schwiegereltern, als ihr Toni erzählte, seinen Eltern wäre an einer baldigen Hochzeit gelegen. Den Grund dafür erfuhr Lotte wohlweislich nicht. Sie wollten nicht auch noch die Großeltern eines unehelichen Bankerts werden, selbst wenn das heutzutage modern wäre – so hatte es Tonis Vater unverblümt ausgedrückt.

Sie beschlossen, möglichst bald auf dem Standesamt zu heiraten. Kirchlich heiraten könne man später immer noch, sagte Toni zu seinen Eltern und die waren zu seinem Erstaunen mit dieser Regelung der Dinge ganz einverstanden.

So fand Ende Januar die standesamtliche Trauung im engsten Familienkreis statt, danach ein festliches Mittagessen im Gasthaus und eine Kaffeetafel auf dem Hof. Die Torten von Tonis Mutter wurden sehr gelobt. Alles verlief in gutem Einvernehmen. Tonis Eltern, so schien es, hatten sich mit der Schwiegertochter aus der Stadt ausgesöhnt. Lotte fiel auf, dass man anders mit ihr redete, persönlicher, eben wie mit einem Familienmitglied, nicht wie mit einem Gast. Sie wurde aufgefordert, die Torten aus der Speisekammer zu holen, und danach half sie ganz selbstverständlich mit, die Spülmaschine einzuräumen. Toni legte seinen feinen Anzug ab und verrichtete die Stallarbeit wie an allen anderen Tagen auch. Lotte fuhr mit ihrer Mutter zurück in die Stadt, Toni kam wie immer später.

Das Leben als verheiratete Frau unterschied sich für Lotte zu dieser Zeit nicht wesentlich von ihrem früheren. Sie wohnte mit Toni in derselben Wohnung wie seit jeher, in bestem Einvernehmen mit ihrer Mutter, da durch deren Arbeitszeiten als Kellnerin das junge Paar viel für sich sein konnte. Und Lotte ging weiter in das Zahnlabor wie bisher. Ihr Chef bekundete sein ausdrückliches Bedauern, sollte sie nach der Geburt des Babys tatsächlich nicht mehr arbeiten wollen, und das tat Lotte in der Seele wohl. Sein Angebot, er würde sie auch als Teilzeitkraft anstellen, beruhigte sie ungemein. Zudem beschwor ihre Mutter sie inständig, ihren erlernten Beruf nie zu vernachlässigen. Man wüsste schließlich nie, was einem die Zukunft brächte. Die Einkommenssituation in der Landwirtschaft wäre derart schlecht, sie wäre vielleicht noch einmal froh um ihren Beruf. »Ich wollte, ich hätte als junges Mädchen die Chancen zu einer ordentlichen Ausbildung gehabt. Als meine Ehe in die Brüche ging und ich mit dir allein dastand, wäre ich wahrlich froh darum gewesen. Deshalb war es mir so wichtig, dass du einen richtigen Beruf erlernst. Damit du immer dein sicheres Auskommen hast, was immer dir die Zukunft bringt, mein Kind. Man weiß schließlich nie, wie lange eine Ehe hält«, fügte die Mutter hinzu.

Lotte war entsetzt. »Aber Mutti! Nur weil du selber schlechte Erfahrungen gemacht hast! Der Toni und ich, wir bleiben bestimmt unser ganzes Leben lang zusammen.«

»Ich wünsche es dir von Herzen, Lotte«, entgegnete die Mutter und behielt ihre Zweifel für sich. Denn Zweifel und Ängste quälten sie, was Lottes Schwiegereltern betraf. Ihrer Schwester gegenüber machte sie sich Luft. »Den Toni mag ich wirklich, aber seine Familie, die hab ich vielleicht dick. Die wissen überhaupt nicht zu schätzen, was für eine Schwiegertochter sie mit meiner Lotte ins

Haus bekommen. So eine wie meine Lotte haben die überhaupt nicht verdient! Ach Gott, ich hab mir für mein einziges Kind ein leichteres Leben gewünscht als ausgerechnet auf einem Bauernhof.«

Immer wieder redete sie auf Lotte ein, ihren Beruf nur ja nicht über längere Zeit zu vernachlässigen. »Wenn das Kind groß genug ist für den Kindergarten, dann gehst wieder ins Labor, Lotte, damit du nichts verlernst, nicht rauskommst aus deinem Beruf. Lass dich nur, um Gottes Willen, nicht ganz und gar von der Landwirtschaft vereinnahmen. Erstens bringt sie derzeit nichts ein, und außerdem muss man sich gerade als Frau seine Eigenständigkeit erhalten, lass dir das von mir gesagt sein, Lotte.«

»Ja, Mutti, ich weiß, du hast es mir oft genug vorgebetet!«, seufzte Lotte, die sich durchaus der positiven Seiten des Lebens auf einem dörflichen Bauernhof bewusst war und mit Zuversicht in die Zukunft sah. Sie mochte die Natur, die freie Landschaft rund um den Hof, die Dorfleute, die sie durch Toni kennen lernte. Sie verbrachte nicht wenige Wochenenden auf dem Hof, und es gefiel ihr.

Sie wünschte sich nur eines: Ein bisschen mehr gemeinsame Freizeit mit Toni. Doch der war überaus beschäftigt. Zusätzlich zu seinen täglichen Aufgaben auf dem elterlichen Hof arbeitete er über den Maschinenring für andere Bauern, bei Landschaftspflegemaßnahmen für die Stadt Angerburg, im Winter im Wald des Grafen von Wiesing und später im Jahr in dessen Kiesgrube. Die

Renovierung seines Zimmers und eines daneben liegenden Kämmerchens für den Einzug des jungen Paares mit dem Baby erledigte er ebenfalls selber. Die Schwiegermutter überraschte Lotte mit einer zusätzlichen Neuigkeit: »Weißt du, wir haben beschlossen für uns Ältere ein eigenes Bad neben unserem Schlafzimmer einbauen zu lassen, dann habt ihr Jungen mit dem Baby im jetzigen mehr Platz.« Das Bad der Schwiegereltern wurde sehr schön und das junge Paar musste das alte nur noch mit Robert teilen, da die Großeltern das kleine Bad der so genannten Schmutzschleuse im Erdgeschoß nutzten.

Lottes Wunsch, doch eine kleine, wenn auch vielleicht nur winzige eigene Küche einzubauen, wurde rundweg abgelehnt. Wo denn, fragte die Schwiegermutter. Es gäbe keinen Platz dafür, und ob die große Wohnküche nicht wahrlich groß genug für sie alle wäre?

Lotte bekam eine Kochplatte und die unbedingt notwendigen Utensilien, um zumindest dem Baby jederzeit ein Fläschchen wärmen zu können.

Im Laufe des Frühjahrs wurde alles fertig für den Einzug des jungen Paares, und als Lotte im Juni ins Krankenhaus ging, warteten all ihre persönlichen Habseligkeiten, einschließlich Stubenwagen und Babyausstattung, in ihrem neuen Zuhause auf sie. Ihre Mutter war Lotte nicht mehr von der Seite gewichen, hatte selber Urlaub genommen und war überhaupt um ein vielfaches aufgeregter als die werdende Mutter selber. Als die

Wehen begannen, war sie es, die Lotte ins Krankenhaus brachte und Toni verständigte.

Wenige Stunden später war das kleine Mädchen geboren. Lotte, Toni und die frisch gebackene Großmutti strahlten um die Wette, alle Augen ruhten auf dem kleinen Wesen. Lottes Mutter konnte sich gar nicht mehr beruhigen. »So eine kleine Süße! Was für wunderschön flaumige blonde Haare sie hat. Genau wie du, Lotte, als du auf die Welt kamst! Ach, Toni, wissen es deine Eltern schon?«

Toni saß auf dem Bett, verglich ganz versunken und verwundert die winzigen Fingerchen des Babys mit seinem eigenen, kräftigen Daumen. Er schaute auf. »Nein, hab ich ganz vergessen!«

»Soll ich anrufen?«, bot ihm Lottes Mutter an.

»Ja sicher, tu das.«

Sie setzte sich etwas abseits, nahm das Telefon vom Tischchen und wählte. Tonis Oma meldete sich nach mehrmaligem Läuten.

»Das Baby ist da!«, rief Lottes Mutter aufgeregt in die Sprechmuschel.

»Oh, wie schön, das Baby ist da!«, wiederholte die Oma, und gleich darauf war Tonis Mutter am andern Ende. Lottes Mutter sprudelte in allen Einzelheiten den Ablauf der letzten Stunden hervor, bis hin zur Größe und dem Gewicht und wie wunderschön das Baby wäre.

»Was ist es denn?«

»Ein Mädchen, ein wunderschönes kleines Mädchen ist es!«, antwortete Lottes Mutter.

Ein wenig undeutlich, vielleicht hatte sich Tonis

Mutter vom Telefon abgewandt, hörte sie, wie die Nachricht an den Rest der Familie weitergegeben wurde: »Ein Dirndl ist es. Ich hab es mir ja gleich gedacht. Wenn es ein Bub geworden wäre, hätten sie es uns sicher schon viel eher gesagt.«

Die Art, wie Tonis Mutter gesprochen hatte, empörte Lottes Mutter über die Maßen. Als wär ein Mädchen nicht genauso viel wert wie ein Bub! Sie musste an sich halten, um ihre Wut nicht zu zeigen.

Im Hörer war die Stimme nun wieder laut und deutlich zu vernehmen. »Ja, schön. Einen schönen Gruß von uns allen hier. Wir gratulieren und morgen Nachmittag, wenn ich Zeit hab, besuche ich die junge Mutter. Jetzt am Abend hat der Robert im Stall geholfen. Morgen früh wird dann der Toni wieder antreten, oder? Im Krankenhaus wird er wohl kaum gebraucht.«

Lottes Mutter atmete tief durch. »Nein, sicher nicht«, gelang es ihr in normalem Tonfall herauszubringen. Dann verabschiedete sie sich schnell mit einem einzigen »Wiedersehen« und legte den Hörer auf.

Sie behielt die Sache für sich. Nur eines versicherte sie bei Gelegenheit ihrer Tochter in aller Deutlichkeit: »Bei mir ist immer Platz für dich und das Baby, Lotte, vergiss das nicht!«

Einheirat und ein anderer Alltag

Toni brachte Lotte und sein Baby direkt vom Krankenhaus auf den Hof. Oma und Opa saßen auf Gartenstühlen erwartungsvoll vor der Haustüre und sprangen auf, sobald sie Tonis Auto hörten.

»Sie sind da, jetzt sind sie da!«, rief die Oma in den Hausflur hinein, und dann lief sie zu Lotte, die mit dem Baby aus dem Auto stieg. »Da ist es ja, unser Butzerle. Lass dich anschauen, ich hab dich ja noch gar nicht gesehen. So ein liebes Butzerle, Opa, schau her, unser Urenkerl!«

Sie konnte sich nicht fassen vor Freude, wich Lotte und dem Baby nicht mehr von der Seite.

Die Schwiegereltern traten aus der Haustür und sogar der selten lächelnde Vater Tonis machte eine freundliche Miene, beugte sich zu dem Baby hinunter und grinste verhalten. »Jetzt kommt nur gleich herein. Draußen ist so eine schwüle Hitze, das ist nicht gut für das Baby«, forderte die Schwiegermutter auf und bot eine Brotzeit an.

Lotte hielt sich zurück. »Ich hab zwei Kilogramm zugenommen durch die Schwangerschaft, das muss schnellstens wieder weg«, entschuldigte sie sich.

»Aber du bist doch sowieso so dünn!«, meinte

die Oma. »Dass ihr alle so dürr sein wollt, heutzutage. Früher war das ganz anders!«

»Weil es eben nicht gesund ist, wenn man zu dick wird, Oma«, erklärte Tonis Mutter und wandte sich dann direkt an Lotte. »Ich war auch einige Kilo zu schwer, als der Robert auf die Welt kam. Aber die waren bei der Bauernarbeit schnell wieder weg!« Und sie erzählte breit von ihren Erfahrungen zum Thema Kinderkriegen und einiges aus der Kleinkinderzeit von Robert und Toni.

Lotte fühlte sich an diesem Tag, als sie, wie sie glaubte, für immer auf dem Hof einzog, durchaus nicht schlecht aufgenommen in die Großfamilie.

Mein erster ganzer Tag im neuen Heim, dachte Lotte, als sie morgens gegen 6 Uhr aufwachte, allein. Toni war bereits um 5 Uhr früh, wie üblich, aufgestanden. Sie sah nach dem Baby, versorgte es, ließ sich Zeit dabei. Danach wollte sie ins Bad. Es war verschlossen.

»Hab's gleich, Schwägerin!«

Lotte wandte sich wieder ab, da riss Robert die Badezimmertür auf, erschien mit dem Rasierapparat im Gesicht. »Kannst gleich rein, Lotte«, grinste er.

Er grinste oft. Obgleich er äußerlich eine gewisse Ähnlichkeit mit Toni hatte, war er doch ganz anders. Viel leichtlebiger, hatte er wenig von der Ernsthaftigkeit Tonis, von seiner Verlässlichkeit und Beständigkeit. Robert lebte fröhlich in den Tag hinein. Er war in seiner Freizeit mit einem großen Kreis von Sportsfreunden und ständig wechselnden Freundinnen unterwegs. Sein fröhliches Naturell war dabei so geschätzt, dass sein Chef sogar seit Jahren tolerierte, wenn er ab und zu einige Minuten zu spät zur Arbeit kam, wie seine Mutter teils stolz, teils aufgebracht berichtet hatte. Auch Lotte fand ihren Schwager sympathisch, ein Typ, dem man nicht böse sein konnte, mit dem man einfach mitlachen musste.

Robert stellte den Rasierapparat auf das Fensterbrett, pfiff laut, sang »Bye bye, my love« und polterte die Treppe hinab.

Lotte schüttelte den Kopf, sah nach, ob auch das Baby nicht aufgewacht war, und ging erst dann ins Bad. Bartstoppeln und Schaumspritzer verzierten das Waschbecken, Wassertropfen und Zahnpastaspritzer den Spiegel darüber. Die Zahnpastatube war nicht zugeschraubt, die Zahnbürste lag einfach daneben.

»Pfui Teufel!«, schimpfte Lotte leise vor sich hin und schaffte mit spitzen Fingern Ordnung, putzte Spiegel und Becken, bevor sie sich selber die Zähne putzte und duschte.

Dann guckte sie wieder ängstlich nach ihrer kleinen Tochter, die selig schlief. Sie fragte sich, ob sie die Kleine so ganz allein hier im oberen Stockwerk lassen könne, während sie selber zum Frühstück nach unten ging? Nein, unmöglich.

Also nahm sie die Kleine vorsichtig auf und legte sie unten in den Kinderwagen, der im breiten Hausflur stand. Sie deckte sie zu und schob den Wagen in die Wohnküche. Das ganze Haus war still und menschenleer. Auf dem Tisch standen ein leerer Becher und ein benützter Teller, aber niemand ließ sich blicken.

Lotte schaute aus den Fenstern. Oma und Opa sah sie bei strahlender Morgensonne im Obstgarten. Er mähte mit der Sense, sie lud das Gras auf einen Schubkarren.

Plötzlich klopfte es kurz, und noch bevor sie herein bitten konnte, öffnete sich die Tür der Wohnküche und eine dünne ältere Frau mit einem kleinen Haarknoten am Hinterkopf, spitzer Nase und neugierig glitzernden Augen kam ohne Umstände herein. Sie trug einen großen Korb am Arm.

»Grüß Gott.«

»Grüß Gott«, wünschte auch Lotte erstaunt.

»Du bist die Frau vom Toni, gelt? Ja, ich hab schon gehört, dass du gestern hier eingezogen bist mit dem Baby. Da ist es ja. Ach, so ein liebes, kleines Spatzerl. Und die Oma und der Opa beim Grasen im Garten. Immer fleißig, die zwei. Man muss sich rühren im Alter, damit man nicht einrostet, gelt?«

»Ja, … ah, …«

»Du kennst mich noch nicht, gelt? Ich bin die Babette. Ich bringe jeden Morgen frische Brezeln und Semmeln und Brot von der Kramerin, was die Bäuerin halt anschafft. Selber ist sie ja um die Zeit noch im Stall, net wahr.«

»Aha.«

»Ja und die Mesnerin bin ich auch. Da sehen wir uns am Sonntag in der Kirch, oder?«

»Oh, ich weiß nicht. Mit dem Baby ist das etwas schwierig, ah, Babette.«

»Ja, ja, das versteh ich natürlich.«

In diesem Moment kam Tonis Mutter geschäftig in die Wohnküche. Sie war noch im Stallgewand und verbreitete unbestreitbar Kuhstalldüfte um sich herum.

»Morgen, Babette.« Sie schüttete die Milch, die sie mitgebracht hatte, in einen Topf, stellte ihn auf den Herd.

»Morgen, Dallerin«, erwiderte Babette und holte zwei Tüten aus ihrem Korb. »Zehn Semmeln und ein Mischbrot, gelt?«

»Ja. Leg es nur auf den Tisch, Babette. Hast heut deinen Korb schon leer?«

»Ja, bei allen anderen bin ich bereits gewesen. Dein Enkerl hab ich mir gerade angeschaut, Dallerin, und deine Schwiegertochter kennengelernt. Eine ganz Fesche hat er sich da ausgesucht, der Toni!« Sie nickte Lotte lächelnd zu, während sie der Dallerin das Kompliment machte.

Die sah Lotte prüfend an, als müsse sie sich der Wahrheit von Babettes Worten erst versichern. »Die Zeit vergeht einfach viel zu schnell auf dieser Welt!«, seufzte sie auf, während sie die restliche Milch in einen Krug goss und in den Kühlschrank stellte. »Mir ist, als wäre es erst gestern gewesen, dass meine Buben in der Wiege gelegen haben.«

»Ja, so geht's. Bist aber auch eine selten junge und flotte Oma, Dallerin. Dir würde man selber noch was Kleines zutrauen.«

»Babette, jetzt hör aber auf!«, verwahrte sich die Dallerin, lächelte dabei aber sehr geschmeichelt. »Morgen bringst du mir statt der Semmeln ein Baguette, Babette und fünf Brezeln.«

»Ist recht, Dallerin. Kein Brot?«

»Nein, morgen brauche ich keines. Übermorgen dann wieder.

»Mach ich. Also dann, bis morgen, Dallerin, und die junge Bäuerin, wie heißt du denn eigentlich?«

»Lotte.«

»Lotte, ein schöner Name. Bis morgen, Lotte. Pfüad euch Gott, miteinander!«, verabschiedete sich die redselige alte Frau freundlich lächelnd.

Die Dallerin brummte verärgert: »Typisch Babette. Die hat heut' ihre Semmeln sogar in einer anderen Reihenfolge ausgeteilt, damit ihr bei uns viel Zeit zum Ratschen bleibt!«

»Scheint aber eine ganz nette Person zu sein«, meinte Lotte.

»Nett! Vor allem neugierig. Bis heut Mittag weiß das ganze Dorf, dass die junge Dallerin hier eingezogen ist.«

Aus einem für Lotte unverständlichen Grund schien sie das zu verärgern. »Lotte, jetzt richte das Frühstück für alle her, du kennst dich inzwischen ja aus in meiner Küche. In einer Viertelstunde kommen die Mannerleut und haben einen Mordshunger!«, schaffte sie kurz an und lief wieder hinaus, so eilig, wie sie gekommen war.

Etwas irritiert von ihrem Kommandoton machte sich Lotte achselzuckend an die Arbeit, füllte die

Kaffeemaschine, deckte den Tisch. Toni kam herein, umarmte Lotte, dann schauten sie gemeinsam nach ihrem schlafenden Töchterchen.

Sie waren immer noch ganz versunken in ihren Anblick, als die Schwiegermutter, nun in einer sommerlichen Kleiderschürze, wiederkam. Fast gleichzeitig betraten auch der Schwiegervater, mit der Zeitung in der Hand, und die Großeltern die Wohnküche.

»Jessas, da fehlt noch die Butter und die Marmelade, Käse und Wurst gehören auch auf den Tisch. Ist wenigstens der Kaffee durchgelaufen und die Milch warm?!«, lamentierte Tonis Mutter und hastete dabei hierhin und dorthin, um das so offensichtlich von Lotte Versäumte nachzuholen.

Lotte fühlte sich gemaßregelt wie ein unfähiges Kind. Sie eilte sich, den Kaffee auf den Tisch zu stellen, während die Schwiegermutter geschäftig Wurst und Käse aus dem Kühlschrank holte.

»Warme Milch?«, fragte Lotte. »Wozu warme Milch?«

»Na, für die Oma und den Opa. Die zwei trinken Schokolade, sie mögen keinen Kaffee.«

»Tut mir leid, das wusste ich nicht«, entschuldigte sich Lotte.

Die Schwiegermutter war schon dabei, den Milchtopf klappernd und scheppernd auf die Herdplatte zu stellen, jedes Klappern und Scheppern ein unausgesprochener, aber deutlich hörbarer Vorwurf an Lotte. Zumindest empfand sie es so.

Vielleicht empfand dies auch die Oma, denn die

nahm Lotte am Arm und meinte begütigend: »Das macht doch nichts, Lotte. Ein paar Minuten und die Milch ist warm. Schau, hier oben steht die Dose mit dem Kakaopulver und da die große Zuckerdose. Der Opa ist ein Süßer, der braucht immer ganz viel Zucker dazu. Mit der Zeit lernst du unsere Sitten und Gebräuche schon kennen.«

Es wurde nicht viel geredet beim Frühstück: über die Wetteraussichten, einzelne Bemerkungen zu den anstehenden Arbeiten, Anweisungen, wer was an diesem Tag tun musste.

Ganz selbstverständlich wurde auch Lotte in die Arbeiten mit einbezogen. »Du könntest im Garten ausgrasen, ein paar junge Salatpflanzen müssen eingesetzt werden und die Tomatenstauden sollten weiter aufgebunden und ausgegeizt werden.«

»Ausgegeizt? Was ist das?«

Die Schwiegermutter sah sie teils entgeistert, teils mit dem Ausdruck: Ich hab's geahnt!, an. »Weißt du das denn nicht?«

»Nein. Wir haben einen wunderschönen Balkon mit vielen Blumen, aber mit Gemüseanbau hatte ich noch nie zu tun.«

»Ach du liebe Zeit. Dann muss ich dir das auch erst beibringen. Dabei müsste ich heute Nachmittag dringend in die Stadt.«

Die Oma begütigte: »Fahre du nur ruhig in die Stadt, Maria, ich zeig der Lotte, wie es geht, gelt, Lotte?«

Lotte war herzlich froh darüber.

Das Baby begann zu quengeln. Sofort stand

Lotte auf und war froh über diesen guten Grund, sich für einige Zeit in die eigenen zwei kleinen Räume zurückziehen zu können. Welche Wohltat, allein zu sein mit dem Baby. Aber es schlief bald wieder sehr zufrieden und Lotte musste wohl oder übel wieder nach unten.

»Gut, dass du da bist. Kannst mir beim Kochen helfen«, bemerkte die Schwiegermutter, während sie den Schweinsbraten mit dunklem Bier begoss, damit er eine schöne resche Kruste bekäme, wie sie dabei erklärte.

»Mh, der riecht herrlich!«, lobte Lotte den Schweinsbraten.

»Ein schönes, mageres Wammerl mit eingeschnittener Schwarte, das mögen unsere Mannerleut am liebsten. Du kannst die Semmelknödel dazu machen und den Salat putzen. Er liegt drüben in der Spüle.«

»Gern. Mit Salaten und Gemüsen kenne ich mich aus, das haben die Mutti und ich uns oft gekocht. Und für die Semmelknödel – wieviel sollen es denn werden? Da bräuchte ich das Rezept dazu.«

Die Schwiegermutter sah sie fassungslos an. »Ein Rezept? Für die Semmelknödel? Ja, kannst du denn keine Semmelknödel machen?«

»Doch, doch. Ich bin sicher, wir haben die irgendwann einmal daheim gemacht: Semmelscheiben und Eier und Salz braucht man dazu und warme Milch, nicht wahr? Aber die Mengen weiß ich natürlich nicht mehr.«

»So! Die weißt du nicht mehr. Kannst du überhaupt kochen?«

»Aber natürlich. Die Mutti und ich, wir haben an ihren freien Tagen öfter selber gekocht. Schnelle Pfannengerichte, Nudeln mit Tomatensoße und natürlich auch Gerichte aus vorgefertigten Päckchen. Da gibt es heutzutage die tollsten Sachen.«

Die Schwiegermutter schüttelte den Kopf. »Also so geht das bei uns aber nicht! Bei mir gibt es was Ordentliches, selber frisch gekochtes zu Essen und nicht so ein windiges, ungesundes Zeug aus irgendwelchen Pulverpäckchen!«, forderte sie energisch.

»Oh. Das ist ja unglaublich aufwendig und verschlingt unheimlich viel Zeit«, wagte Lotte einzuwerfen.

»Was Ordentliches zu Essen, das muss einfach sein, wenn man den ganzen Tag hart arbeitet wie bei uns auf dem Hof.«

Nun ja. Lotte machte sich an den großen Kopf Salat. »Soll ich den ganzen Salat putzen und waschen?«

»Natürlich. Bei uns sind sechs, nein mit dir sieben Leute am Tisch. Hier diese kleine Schüssel voll heben wir auf für den Robert, wenn er nachmittags nach vier Uhr heimkommt, hat er immer einen rechten Hunger.«

Lotte tat, was ihr angewiesen wurde. Sie bemühte sich redlich, die Semmeln für die Knödel so fein aufzuschneiden, wie es ihr vorgemacht wurde. Sie mischte den Teig, formte die Knödel mit nassen Händen und schaffte bei jedem eine runde gleichmäßige Form. Sie war recht stolz auf sich, dass sie ihr sogar zur Zufriedenheit ihrer Schwiegermutter gelangen. Sie horchte aufmerksam allen Erklärungen den Schweinsbraten und die Grießnockerlsuppe betreffend und tat, was sie konnte, um den Anweisungen gerecht zu werden.

»Morgen ist Freitag, da gibt es Dampfnudeln. Die wirst du wohl auch noch nie gemacht haben?«

»Nein«, musste Lotte bedauernd zugeben. »Dampfnudeln werden aus Hefeteig gemacht, nicht? Den hab ich vor Jahren mal ausprobiert, aber irgendwie ist er mir nicht sonderlich gut gelungen, da hab ich es sein lassen.«

Die Schwiegermutter schüttelte den Kopf. »Du kannst keinen Hefeteig machen? Keine Zimtschnecken, Rosinenzöpfe, Fensterküchel, Krapfen, oder Marmeladehörnchen?«

»Aber das ist doch nicht tragisch. Du zeigst mir, wie es geht, dann kann ich es!« Lotte war die dumme Kocherei gar nicht so wichtig.

Die Schwiegermutter seufzte tief.

Wirklich bemühte sich Lotte ganz außerordentlich, täglich dazuzulernen. Am liebsten war ihr dabei die Oma als Lehrmeisterin im Gemüsegarten. Sie erklärte in aller Ruhe und mit Gelassenheit die einzelnen Gemüsesorten und zeigte ihr hacken und umgraben, säen und die besonderen Pflegemaßnahmen für die einzelnen Gemüsesorten. Die Nachmittagsstunden mit der Oma im Gemüsegarten und dem Baby im Kinderwagen, im Schatten eines ausladenden Birnbaumes, waren ihr die liebsten. Die Oma kritisierte nie, führte einfach vor, wie es gemacht wurde, und fand oft einen Grund, Lotte zu loben. »Das hast du gut gemacht«, sagte sie etwa. »Ich hätte es nicht besser gekonnt.«

Zu Lottes Aufgaben gehörte auch das abendliche Gießen. Nicht etwa bequem mit einem Gartenschlauch, sondern mit der Gießkanne aus mehreren Tonnen gesammelten Regenwassers. Oma erklärte, welche Jungpflanzen gegossen werden sollten und welche auch eine Weile ohne Wässern auskämen. Manches Mal schlenderte Toni aus dem Stall herbei und half mit, was zu einer spitzen Bemerkung von Seiten der Schwiegermutter führte: »Seit wann nimmst du denn eine Gießkanne in die Hand, Toni? Das wär dir früher nicht eingefallen. Na, ich hätte es mir auch verbeten. Seit wann braucht man euch Mannsbilder im Gemüsegarten!«

»Aber«, wagte Lotte einzuwenden, »die meisten Männer sind begeistere Gartler. Das hab ich bei uns in der Straße oft beobachtet.«

»Ach, in der Stadt drinnen! Bei uns auf dem Land ist der Garten Weibersache und nix für die Mannsbilder.«

»Dann wird's Zeit, dass sich das ändert, Mam. Du bist doch sonst auch für die Gleichberechtigung, oder?«, grinste Toni und ließ sich nicht davon abhalten, weiter im Garten zu helfen.

Da die ersten Erdbeeren verlockend rot an den Pflanzen hingen, wanderten natürlich ein paar in den Mund. »Mh, sind die gut im Geschmack.« Lotte zupfte eine weitere Erdbeere ab.

»Ihr gefallt mit vielleicht!«, rief ihnen die Schwiegermutter in einem Ton zu, der deutlich machte, dass es ihr ganz und gar nicht gefiel. »Esst mir die Erdbeeren weg! Die brauche ich morgen für den Obstkuchen!«

»Bis dahin sind längst wieder welche gereift!«, schrie Toni zurück und zupfte sich ein, zwei weitere Beeren ab. Lotte war der Appetit daran vergangen.

Es bekümmerte sie immer mehr, dass sie gar so wenig von dem verstand, was der Schwiegermutter am wichtigsten war: Haushalt, Garten und Viehwirtschaft.

Vorläufig genüge es, wenn sie beim Füttern der Kühe, der Kälber und des Jungviehs mithelfe, hatten ihr die Schwiegereltern erklärt. Aber wenn das Baby erst etwas größer wäre, sollte sie auch das Melken lernen.

»Das pressiert überhaupt nicht!«, behauptete Toni.

»Meinst? Ich hab immer melken müssen, auch als ihr beiden, der Robert und du, ganz klein gewesen seid.«

»Aber für die Lotte ist es nicht notwendig. Du und der Babb, ihr schafft es locker zu zweit.«

»Und was ist, wenn einer von uns einmal krank ist?«

»Dann bin ich auch noch da. Außerdem seid ihr zwei nie krank.«

»Aber es könnte einmal sein und du bist oft nicht da.«

»Ach geh, Mam, jetzt übertreibe nicht. Das hat viel Zeit, bis die Lotte melken lernen muss. Bis dahin bauen wir einen ordentlichen Melkstand, damit man nicht mehr zwischen den Kühen herumturnen muss, dann geht alles viel leichter und gefahrloser.«

Der Schwiegervater, in der Regel recht schweigsam, mischte sich spöttisch ein. »Was er wieder für Pläne hat, unser Filius. Da haben wir aber auch noch ein Wörtchen mitzureden, gelt?«

»Ewig geht das nicht weiter mit unserer altmodischen Melkerei, wo man selber von Kuh zu Kuh laufen muss, statt dass die Kühe zu einem in den Melkstand marschieren. Andere arbeiten mit Computern zum Füttern und zum Melken, dagegen geht es bei uns direkt vorsintflutlich zu, das müsst ihr doch zugeben.«

»Gar nix gebe ich zu!«, erwiderte der Vater. »Unsere Melkanlage funktioniert hervorragend. Und bei den Milchpreisen heutzutage steht von einer Erneuerung aber schon gar nichts drin, denn so was muss teuer bezahlt werden, werter Herr Sohn«, spöttelte er.

»Aber Babb, man könnte so viel selber machen«, wandte Toni ein. Es war offensichtlich ein bereits öfter diskutiertes Thema, in das sie sich nun, in Einzelheiten gehend, verbissen. Ohne Ergebnis.

»Solange es nicht besser geht in der Landwirtschaft und ich anschaffe auf dem Hof, so lange bleibt es, wie es ist, das merk dir, Toni.«

»Aber man muss doch mit der Zeit gehen, wenn man vorwärtskommen will!« Toni hob hilflos die Schultern.

»Bislang können wir alle davon leben, so wie es ist!«

»Mehr schlecht als recht!«, murmelte Toni.

Lotte hatte der Auseinandersetzung stumm zugehört. Am Abend, als die junge Familie für sich war, kam sie ihr wieder in den Sinn. »Sag mal, Toni was verdienst du eigentlich hier auf dem Hof?«

»Verdienen? Ein richtiges Gehalt hab ich natürlich nicht. Schließlich wohnen und leben wir ja hier. Ich bekomme eben, was ich brauche.« Er sah sie nicht an.

»Aha. Und wie viel ist das?«

»Eben was ich brauche. Unterschiedlich, je nachdem. Warum willst du das plötzlich wissen? Brauchst du Geld? Wie viel?« Er zog bereitwillig seine Geldbörse hervor, drückte sie ihr in die Hand.

»Toni, darum geht es jetzt nicht. Hast du überhaupt eigenes Geld?«

»Ja, klar. Ich arbeite doch auch für den Maschinenring und für den Grafen im Kieswerk.« Toni beugte sich über die Wiege. »Schau mal, wie süß sie schläft!« Und Lotte erkannte, dass sie zu diesem Thema nicht mehr aus ihm herausholen würde.

Oh Gott, wenn mir diese blöde Bemerkung nur nicht herausgerutscht wäre, ärgerte sich Lotte im Nachhinein auf der Fahrt in die Stadt. Zu blöd!

Aber verständlich, oder?, versuchte sie sich vor ihrem Gewissen zu rechtfertigen.

Wie war es nur dazu gekommen? Stimmt, ja, sie war am frühen Vormittag mit der Tragetasche in die Wohnküche gegangen, sozusagen gestiefelt und gespornt für ihren Besuch bei Mutti in der Stadt.

Die Schwiegermutter schaute sie erstaunt an. »Was hast du denn vor?«

»Mutti besuchen. Soll ich was mitbringen, Einkäufe, meine ich?«

»So schnell fällt mir da nichts ein. Das hättest mir aber auch früher sagen können, dass du wegfährst!«, ärgerte sie sich. »Wann bist du denn wieder da?«

»Oh, irgendwann am Abend.«

»Am Abend? Mitten an einem Werktag willst du einen ganzen Tag weg?«

Nun stieg auch in Lotte der Ärger hoch. Sie antwortete lauter, als es nötig gewesen wäre. »Natürlich an einem Werktag. Mutti hat heute frei. Sie arbeitet schließlich am Wochenende.«

»Ach so, ja, sie ist ja Kellnerin«, erinnerte sich die Schwiegermutter in einem Ton, der Lotte die Zornesröte ins Gesicht trieb. Sie atmete erst tief durch. »Ist daran etwas auszusetzen?«

»Nein, nein«, beeilte sich die Schwiegermutter zu versichern. »Aber ich fände es schon gut, rechtzeitig zu erfahren, wenn du den ganzen Tag nicht da bist. Ich hab schließlich mit dir gerechnet – beim Mittagessen und überhaupt. Die Fenster im Stall müssen abgewaschen werden und im Strohschuppen muss aufgeräumt und zusammengekehrt werden.«

»Das Mittagessen ist mit und ohne mich gleich viel.« Lotte wusste inzwischen, wie reichhaltig stets gekocht wurde. »Und die Arbeiten können morgen genauso gut erledigt werden.« Und dann ließ sie sich von ihrem Zorn hinreißen, nachdem sie einige Wochen lang alles geschluckt hatte. »Ich bin doch hier schließlich nicht in einer Kaserne gelandet, oder? Wo man sich ab- und anmelden muss und tagtäglich kommandiert wird, was man zu tun und zu lassen hat, oder?«

Darauf folgte verblüffte Stille. Die Schwiegermutter riss höchst überrascht die Augen auf über Lotte, die sich so zurückhaltend, brav und willig gezeigt hatte. Immerhin ein Pluspunkt, hatte sie ihrem Mann erklärt, wenn sie schon sonst von nichts eine Ahnung hatte, was auf einem Bauernhof wichtig wäre.

Noch bevor sich die Schwiegermutter von ihrer Sprachlosigkeit erholt hatte, lenkte Lotte ein. »Entschuldige, ich bin etwas nervös heute. Die Kleine hat letzte Nacht kaum geschlafen. Soll ich also was mitbringen aus der Stadt?«

Die Schwiegermutter presste die schmalen Lippen zusammen. »Nein, nichts. Weiß der Toni überhaupt, dass du den ganzen Tag weg bist?«

»Natürlich. Dann fahre ich jetzt. Wiedersehen.« Und damit war sie schnellstens mit der Tragetasche zum Auto gelaufen und davongebraust.

Als sie einige hundert Meter vom Hof entfernt

war, atmete sie erleichtert auf, ließ die verspannten Schultern fallen, bemerkte die sommerlich grüne und blühende Landschaft, durch die sie fuhr, und freute sich auf ihre Mutter und den gemeinsamen Tag.

Es wurde ein wunderschöner, geruhsamer Tag für Lotte. Von Mutti beim Mittagessen verwöhnt, mit allerlei Neuigkeiten aus dem Verwandten- und Freundeskreis versorgt, als junge Mutter eines süßen Babys bewundert, konnte Lotte Kraft tanken.

Erst am Abend, kurz bevor sich Lotte wieder auf den Weg machte, wagte ihre Mutter die Frage: »Wie geht's dir denn mit den Schwiegereltern und den Großeltern und dem Schwager? So viele Leute unter einem Dach …«

Lotte wurde ernst, verzog den Mund. »Ach ja, es geht schon. Ich muss mich halt erst an die Großfamilie gewöhnen.«

Die Mutter umfasste die Hände ihrer Tochter. »Und? Schaffst du das? Ist sie nett zu dir, die Schwiegermutter?«, fragte sie, da sie bei ihren Besuchen alles andere als den Eindruck eines herzlichen Menschen von ihr gewonnen hatte.

Lotte zuckte die Schultern. »Ja, na ja. Wenn man bedenkt, dass ich alles andere als eine Traumschwiegertochter für eine gestandene Bäuerin bin …! Sie hat sich sicher eine gewünscht, die von Haushalt und Kühen mehr versteht als ich. Du würdest staunen, was ich inzwischen alles kochen kann. Und Kälber füttern und Gartenarbeit.«

Die Mutter sah ihre Tochter zweifelnd an. »Lotte, Kind, dass es dir nur nicht zu viel wird. Du hast vor allem deine Kleine zu versorgen.«

»Ach Mutti, nichts tun wäre absolut langweilig. Und der Toni ist sehr lieb und die Großeltern sind ausgesprochen nett und hilfsbereit, besonders die Oma. Den Opa verstehe ich oft nicht, weil er meistens seine Zähne nicht drin hat.«

»So.« Die Mutter atmete gewissermaßen auf. »Ach Lotte! Du auf einem Bauernhof. Du hättest es so schön haben können, ein guter Beruf …«

Lotte fiel ihr ins Wort. »Mutti, ich hab es schön. Es gefällt mir auf dem Dorf. Die Leute, die ich kennen gelernt hab, sind recht nett. Ich hab zum Beispiel eine junge Frau getroffen, Hanna heißt sie, mit der versteh ich mich ganz toll. Und einen lieberen und netteren Mann als Toni kann ich mir gar nicht vorstellen. Da werde ich es wohl schaffen, mich mit seiner Familie zu arrangieren. Den Idealzustand, dass alles wunderbar ist, gibt es schließlich nirgends auf der Welt.«

Die Mutter nickte ergeben. »Wenn du es so siehst, Lotte. Kommst du nächste Woche wieder?«

»Ja, jeden Dienstag. Fest versprochen, Mutti.«

Lotte kam zwar noch bei Tageslicht, aber doch recht spät, zurück. Sie hatte zufällig auf der Straße eine Kollegin gesehen, hatte angehalten und sich natürlich eine ganze Weile mit ihr unterhalten. Der laue, lang dauernde und helle Sommerabend verführte einfach dazu, und es war zu interessant, was die Kollegin alles an Neuigkeiten aus dem Zahnlabor zu berichten wusste. Lotte bekam richtig Sehnsucht nach ihrer früheren Arbeitsstelle. Mit einem tiefen Seufzer stieg sie wieder ins Auto und fuhr zurück auf den Hof. Es dämmerte inzwischen. Kaum hatte sie den Motor abgestellt, hörte sie ihre Schwiegermutter rufen: »Jetzt zieh das Hoftor zu und sperr ab, Toni, höchste Zeit dafür!«

Toni antwortete geduldig. »Ja, ja, Mam.« Aber anstatt sich tatsächlich um die Anweisung zu kümmern, begrüßte er erst einmal Frau und Kind und half, die Einkäufe ins Haus zu tragen.

Die Schwiegermutter schüttelte den Kopf, ging mit klatschenden Pantoffeln selber los, verriegelte rasselnd und klappernd das Hoftor. Danach sprach sie mit dem schlafenden Baby in der Tragetasche. »Wo ist es denn, unser Butzerle? Bist müde, gelt? Das glaube ich! So ein keines Mäderl und so lange unterwegs.« Sie nahm die Tragetasche auf und trug das Baby hinein. Ganz unerwartet freundlich fragte sie Lotte: »Willst was essen? Ich hab Eier gekocht, Schinken und Pressack sind im Kühlschrank.«

»Danke, Schwiegermutter, aber ich hab mit der Mutti zu Abend gegessen.«

Es folgte eine grässliche Woche. Das Wetter war ein ständiges Wechselspiel zwischen schwüler Hitze und Gewitterfronten, machte schlapp und drückte auf die Stimmung. Die Familie diskutierte ständig, wann man endlich bei dieser oder jener Wiese zum Silieren oder Heu mähen sollte – wenn nur endlich das Wetter beständiger wäre.

Lottes Bemühungen, es der Familie und besonders der Schwiegermutter recht zu machen, waren selten von Erfolg gekrönt. Erst wurde sie fast gelobt für ihre Bemühungen im Gemüsegarten und einige Tage später, als von einer Reihe frisch gepflanzter Salatpflänzchen fast nur noch klägliche Stielreste übrig geblieben waren, ärgerlich belehrt: »Da muss man eben besser aufpassen!«

»Aber ich hab doch Schneckenkorn gestreut!«, beteuerte Lotte und sah sich nach der Oma um, die jedoch nicht mehr neben ihr stand.

»Das waren nicht die Schnecken, sondern die Spatzen.«

»Die Spatzen?«

»Ja. Spatzen lieben Salatpflänzchen. Im Schuppen liegt ein Rahmen mit einem feinmaschigen Gitter, damit kann man sie abhalten.«

»Das hab ich nicht gewusst. In der Stadt gibt es keine Probleme mit Spatzen, höchstens mit Amseln.«

»Ah, in der Stadt!« Die Schwiegermutter winkte ab und brachte das Gitter. »So was Dummes! Die meisten Pflanzen sind total abgefressen, da wird sicher nix mehr draus. Dabei hätten wir den Salat so dringend gebraucht«, jammerte sie.

»Ich werde eben Pflanzen nachkaufen, gleich morgen«, bot Lotte sofort an.

»Nachkaufen! Was das wieder kostet. Die hier waren selbst gezogen. So schön waren sie mir aufgegangen und gewachsen!«

»Ein paar kleinere Pflanzen stehen noch im

Saatkistchen, die setze ich jetzt gleich dazu«, sagte Lotte, fest entschlossen, sich wegen einiger, von den Spatzen gefressener Salatpflänzchen nicht verrückt machen zu lassen. Sie holte die übrigen Jungpflanzen und atmete erleichtert auf, als sie merkte, dass die Schwiegermutter über den Gartenzaun hinweg eine Nachbarin zum Ratschen gefunden hatte.

Minuten später stand die Oma wieder neben ihr. »Da, Lotte, ich hab dir eine Gießkanne voll Wasser zum Angießen geholt. Meinst es reicht? Ich hol gleich noch eine zweite Kanne.«

Lotte war verblüfft. Wohin sie vorhin bloß so schnell verschwunden gewesen war? Und wie schnell sie jetzt wieder erschienen war! Sie dachte über dieses Phänomen nach, während ihre Hände die Pflänzchen in die Erde setzten. Plötzlich erkannte sie: So lief das eigentlich immer ab. Wenn es kritisch wurde, war Oma in Windeseile außer Sicht. Glätteten sich die Wogen, tauchte sie genauso unversehens wieder auf, stets freundlich und ausgeglichen und zu jedermann nett und hilfsbereit. In Zwistigkeiten mischte sie sich jedoch möglichst nicht ein. Als sich Lotte darüber klar geworden war, war sie erst einmal sauer und dann traurig. Vielleicht, grübelte sie, war diese Verhaltensweise auch die einzige Möglichkeit für Oma, mit ihrer sehr wesensstarken, selbstbewussten und zweifellos sehr tüchtigen Schwiegertochter zurechtzukommen? Wenn mir doch auch eine Strategie einfallen würde, um mit meiner Schwiegermutter besser auszukommen, wünschte sich Lotte sehnlichst. Aber ihr fiel nichts anderes ein als der Vorsatz, möglichst immer ruhig und gelassen zu bleiben.

Nur leider vergaß sie im Eifer des Gefechtes diesen löblichen Grundsatz zuweilen. Zum Beispiel, als es um das Waschen ging. Sie hatte sich darauf eingestellt, dass am Montag der Waschtag der Schwiegermutter war. Also benutzte Lotte die Waschmaschine an anderen Tagen. Diesmal hatte sich bis zum Dienstagmorgen besonders viel schmutzige Babywäsche angesammelt. Deshalb lief Lotte früh um halb sechs in den Hausarbeitsraum. Aber die Maschine lief bereits. »Schöne Bescherung, verdammt noch mal« Sie sah nach dem Programm und stellte fest, dass der Waschgang bald beendet sein würde. Also wartete sie. Sie holte eben die frisch gewaschenen Vorhänge aus der Trommel, als die Schwiegermutter auftauchte. »Sehr gut, ich hab mir gedacht, dass die erste Partie jetzt fertig ist. Sei so gut, hänge sie auf die Leine draußen und der Packen Vorhänge hier, der kommt gleich als nächstes in die Trommel.«

»Ach je«, bat Lotte, »kann ich nicht zuerst einmal eine Maschine Babysachen waschen?«

»Nein, nein, das geht auf keinen Fall. Ich hab heut noch vor der Stallarbeit alle Vorhänge im Erdgeschoss runtergenommen, die sind jetzt dran, damit sie über Mittag trocknen können. Am Nachmittag muss ich sie wieder aufhängen können, ich hab ja nicht ewig Zeit. Abends ist schließlich wieder die Stallarbeit zu tun.«

»Nur eine Maschine voll, Schwiegermutter, ich hab kein sauberes Stück mehr fürs Baby«, versuchte es Lotte noch einmal.

»Also nein, wirklich, du könntest dir die Babywäsche auch besser einteilen!«

Lotte überlegte einen Moment wirklich ernsthaft, wie sie das bewerkstelligen sollte, mit dem Einteilen. »Wie hält man ein Baby davon ab sich schmutzig zu machen, kannst du mir das sagen?«

Eigensinnig beharrte die Schwiegermutter: »Einen halben Tag wirst du in Gottes Namen noch auskommen!«

Und da fauchte Lotte: »Weil die blöden Vorhänge ausgerechnet heute und jetzt so wichtig sind!« Sie packte ihre vollen Wannen und stellte sie auf den Flur, stürmte die Treppe nach oben.

Da rief die Schwiegermutter ihr nach: »Na gut, dann wasch halt zuerst deine Babywäsche!«

Aber Lotte war inzwischen unglaublich wütend. Sie drehte kaum den Kopf, als sie ihr die Worte: »Nicht mehr nötig, mir ist was Besseres eingefallen!«, hinschleuderte.

»Was denn?«

»Ich fahre jetzt sofort zur Mutti. Die hat auch eine Waschmaschine und mit Sicherheit heute keine Vorhänge drin!«

Minuten später polterte sie mit dem Baby die Treppe herab, voll bepackt. Sie räumte hastig ihre Wannen und Plastiktüten ins Auto, verabschiedete sich mit einem schnellen: »Servus, Toni, ich komme sehr spät zurück!« von ihrem Mann und fuhr davon. Da war es gerade einmal 15 Minuten vor sechs Uhr morgens.

Und nur, weil sie noch immer einen Wohnungsschlüssel besaß, musste sie ihre Mutter nicht aus dem Schlaf klingeln. Die hörte Lotte herumhantieren und kam verschlafen aus ihrem Zimmer. »Lotte? Du bist aber heute früh dran.«

Lotte schimpfte wie ein Rohrspatz über ihre unmögliche Schwiegermutter und ihre blöden Vorhänge, und es war ihr eine unglaubliche Wohltat.

Eine Stunde später, bei einem gemütlichen, unbeschwerten Frühstück mit der Mutter, konnte sie sogar darüber lachen.

Mit Ausnahme von Toni waren alle auf dem Hof zu Bett gegangen, als sie, bepackt mit frisch gewaschener Babywäsche und dringend notwendigen Einkäufen, an der Haustüre vorfuhr.

»Servus, Lotte. War es schön in der Stadt? Gut, dass du wieder da bist.« Er nahm sie in die Arme und küsste sie lange und zärtlich.

»Mh. Servus, Toni. Ich bin auch froh, dass ich wieder da bin, bei dir«, flüsterte sie leise. Der Ausflug in die Stadt und das Zusammensein mit der Mutter hatten ihr gut getan, sie war bestens gelaunt. Die liebevolle Begrüßung durch Toni und dass vom Rest der Familie niemand zu sehen war, taten ein Übriges dazu. »Ach Toni, ich und du ganz allein, wenn wir das nur öfter haben könnten!«, murmelte sie sehnsüchtig in seinen Armen.

»Mh. Können wir doch«, behauptete er. »Ich

sperr schnell das Tor zu, dann helfe ich dir die Sachen hineintragen.«

Verstand er sie wirklich nicht, oder wollte er sie nicht verstehen? Dass sie sich nach einer eigenen kleinen Wohnung für ihre junge Familie sehnte? Wo sie die Türe hinter sich zumachen und für sich sein konnten? Mit einem eigenen Bad, in dem sie nicht jeden Morgen die Haare und Zahnpastaspritzer des Schwagers wegputzen musste, mit einer eigenen Küche und vor allem einer eigenen Waschmaschine?

Aber für den Moment war sie zu müde von diesem langen Tag und zu glücklich über das Zusammensein mit Toni und so beschloss sie, dieses Thema lieber ein andermal mit ihm zu besprechen.

Es schien zunächst, als hätte Lottes wilde Flucht mitsamt der schmutzigen Babywäsche zu ihrer Mutter am Ende etwas Gutes bewirkt. Schwiegertochter wie Schwiegermutter gingen ausgesprochen höflich und behutsam miteinander um, beiderseits bemüht, gut miteinander auszukommen. Sie sprachen sich rechtzeitig über die Arbeiten in Haus, Garten und Hof ab, um erst gar keine Konflikte entstehen zu lassen. Lotte hatte auch beschlossen, sich im Haushalt zurückzuziehen, dafür mehr draußen und mit Toni zu arbeiten, soweit das mit dem Baby möglich war, und das klappte recht gut. Bulldog fahren, die Kühe zu füttern oder zur Weide und zurückzutreiben machte ihr ausgesprochen Spaß.

Der Schwiegervater machte zwar meist eine

ernste Miene, sie wusste oft nicht recht, wie sie mit ihm dran war, aber andererseits kritisierte er sie nicht dauernd, nickte auch einmal, wenn sie etwas gut oder richtig gemacht hatte, und das empfand sie im Vergleich zur strengen, selten zufriedenen Schwiegermutter schon als Riesenvorteil.

Auch die Morgenstunden waren oft sehr schön. Die Schwiegermutter war durch das Melken immer viel länger im Stall als Lotte, die beim Füttern half und dann in der Wohnküche das Frühstück herrichtete. Täglich erschien in dieser Zeit Babette mit den frischen Semmeln und Zeit genug für einen kleinen Ratsch. Babette, die ihr ganzes Leben in diesem Dorf zugebracht hatte, kannte alle Leute weit und breit und wusste, so kam es Lotte vor, alles über ihre Familiengeschichten bis in die intimsten Einzelheiten.

»Die Hanna stammt ja nicht aus unserem Dorf, die kommt aus Landshut. Die bringt immer ihr Baby mit, wenn sie die Büroarbeit im Betrieb von den Schwiegereltern erledigt. An manchen Tagen jetzt im Sommer ist so viel zu tun, dass sie erst spät am Abend wieder heimkommt. Aber, sagt sie, das macht gar nichts. Die Schwiegermutter kocht, versorgt und verwöhnt das Baby mit Begeisterung, wenn sie dafür nicht an den Computer muss. Und sogar zum Abendessen bleiben sie und ihr Mann oft bei den Schwiegereltern.«

»Hm. Hanna versteht sich wohl recht gut mit ihrer Schwiegermutter?«, fragte Lotte mit leisem Neid.

»Oh ja«, antwortete Babette, »da gibt's gar nichts. Es ist sogar so, dass die Schwiegermutter«, Babette beugte sich, leiser werdend, zu Lotte hin, »also die hat sozusagen das junge Paar zusammengebracht. Weil, der Georg, was der Mann von der Hanna ist, das ist sozusagen ein ganz ein schüchterner. Da hat die Schwiegermutter ein bisserl nachhelfen müssen, hat sie mir erzählt.«

»Echt? Toll. Da müssen die zwei sich prächtig verstehen.«

»Tun sie auch. Allerdings haben die Jungen auch ihr eigenes Häuschen mit einem schönen Garten. Das ist schon wichtig, sagen sie, dann kann man zusammen sein oder für sich, wie man es gerade haben will. Ja, deshalb baut jetzt der ältere Bruder vom Georg, der will im Herbst heiraten, eine eigene Wohnung auf dem ehemaligen Heuboden aus.«

»Heuboden?« Lotte hatte sehr interessiert zugehört. »Ich dachte, das wäre eine Reparaturwerkstätte bei denen und dass sie mit Landmaschinen arbeiteten …«

»Jetzt schon. Aber früher war das ein ganz gewöhnlicher Bauernhof. Den Heuboden brauchen sie natürlich nicht mehr, weil keine Viecher mehr gehalten werden, und da wird eben der Heuboden als Wohnung ausgebaut, damit jede Partei für sich sein kann.«

»Traumhaft stell ich mir das vor!«, seufzte Lotte leise.

Babette schwatzte weiter, eifrigst bemüht, der Städterin die Verhältnisse auf dem Land zu schildern. »Das ist heutzutage nichts Besonderes. Bei den meisten Bauernfamilien haben die Jungen wie die Alten ihre eigene Behausung. Solche Großfamilien wie bei euch hier gibt es natürlich auch noch, wo die Jungen und die Alten und sogar die Großeltern zusammen hausen.«

Bei ihren letzten Worten war die Schwiegermutter in die Wohnküche gekommen. »Grüß dich, Babette. Was erzählst du da von den Jungen und den Alten?«

Treuherzig blickte Babette die Dallerbäuerin an. »Ich erzähl der Lotte halt, wie es so zugeht auf den Bauernhöfen. Ist halt doch anders als wie in der Stadt, gelt? Da wohnen die Alten und die Jungen oft weit auseinander.«

»Die Alten und die Jungen!«, stöhnte die Schwiegermutter. »Mein Gott, Babette, wenn ich das schon hör und mir vorstelle, dass die Leute jetzt von meinem Mann und mir als »die Alten« reden! Furchtbar. Als wenn wir so alt wären! Ganz jung komme ich mir noch vor, mir ist, als wäre ich erst gestern hier als die »junge« Dallerin eingezogen. Und jetzt – bin ich Großmutter und – »die Alte«.

»Aber Dallerin, so wortwörtlich ist das nicht gemeint«, bemühte sich Babette zu versichern. »So wie du ausschaust, hält man dich leicht für die Mutter von dem kleinen Spatzerl. Es ist halt nur zum Unterscheiden, weißt, damit man weiß, von wem die Red' ist.«

Etwas besänftigt antwortete die Dallerbäuerin:

»Das ist mir klar. Aber das sag ich dir, leicht ist das nicht, wenn man plötzlich zu »der Alten« wird!«

Lotte, die sich darum nie die geringsten Gedanken gemacht hatte, erkannte etwas bestürzt, dass diese Tatsache der Schwiegermutter tatsächlich schwer zu schaffen machte. Sie rechnete kurz nach und wirklich: Die Schwiegermutter war nur 20 Jahre älter als sie selber und sie sah, das musste man zugeben, trotz ihrer strengen Gesichtszüge jung und gut aus, keinesfalls wie eine typische Großmutter.

»Dafür hast ein Enkelkind, Dallerin. Das muss einem schon was wert sein, gelt, wo so viele Bauern keine Frau zum Heiraten finden. Übrigens, weil ich gerade dran denke, wann habt ihr euch gedacht, soll die Taufe sein?«

»Oh, in den nächsten Wochen irgendwann.«

»Da müssen wir drüber reden, weil nämlich unser Pfarrer bald in Urlaub geht, dann ist er drei Wochen nicht da.«

Sie holten Toni, um diese wichtige Angelegenheit zu besprechen. Durch sanften Druck der Mesnerin wurde die Tauffeier auf den Sonntag in drei Wochen nach der Messe festgelegt.

»Unser Herr Pfarrer, fürchte ich allerweil, hat nicht viel mehr als Ja und Amen dazu zu sagen, wenn die Babette eine Sache in die Hand genommen hat«, mokierte sich der Schwiegervater, als Babette gegangen war.

»Und wie wird's dann heißen, unser Butzerl?«, fragte die Oma.

Alle schauten auf Lotte und Toni. Es hatte darüber etliche Diskussionen gegeben. Die Schwiegermutter hatte ihren Namen – Maria – vorgeschlagen, Lotte wollte lieber den Namen ihrer Mutter – Katharina. Einige andere Namen wurden vorgeschlagen, aber auf keinen hatten sie sich einigen können.

Lotte sah Toni an, und als dieser still blieb, sagte sie bestimmt: »Wir haben uns für Ursula entschieden!«

Die Familienmitglieder waren eindeutig überrascht. Weit und breit gab es in der Verwandtschaft keine Ursula.

»Ursula«, wiederholte die Oma langsam. »Das ist ein schöner Name. Der gefällt mir. Ursula oder dann Ursel oder Uschi, ja, das hört sich gut an.«

Damit war das Eis gebrochen und mehr oder weniger deutlich erklärten alle ihr Einverständnis.

Lottes Lieblingskusine Renate würde die Taufpatin sein, da weder Toni noch sie selber eine Schwester hatten und nur die engste Verwandtschaft zur Tauffeier kommen sollte. Die Schwiegermutter wurde in diesem Punkt nicht allein von Lotte, sondern auch von den Männern der Familie überstimmt.

Die Oma bat: »Könnte ich nicht ausnahmsweise die Minna dazu einladen?« Sie wandte sich erklärend an Lotte: »Weißt du, das ist meine jüngste Schwester. Die war, als ich meinen 80. Geburtstag gefeiert habe, recht krank. Und deshalb wäre es schön, wenn sie, als Ausgleich sozusagen, jetzt kommen dürfte.«

»Wenn dir soviel dran liegt, Oma, uns soll es recht sein«, erwiderte Toni, und Lotte nickte dazu.

Im Laufe des Nachmittags kam die Oma erneut auf die Taufe zu sprechen. »Da wäre noch was, Lotte«, druckste sie herum. »Wegen dem Opa seinen Zähnen. Er tut sie gar nicht mehr in den Mund hinein, weil sie ihm inzwischen so schlecht halten. Das geniert mich schon arg, wenn dann Verwandte zu Besuch kommen bei der Tauffeier. Könntest du nicht, wo du doch sozusagen vom Fach bist …«

So blieb an Lotte die ehrenvolle Aufgabe hängen, den Opa einige Male zum Zahnarzt zu fahren und sich um ein besser passendes Gebiss für ihn zu kümmern. Sie erklärte sich nicht ungern dazu bereit, sorgten die langwierigen Zahnarztbesuche vom Opa doch mit Sicherheit für ein paar lange und unbeschwerte Nachmittage in der Stadt.

Beim ersten Termin brachte sie ihn bis ins Wartezimmer des Zahnarztes und machte mit ihm aus, sie würde ihn in zwei Stunden wieder abholen.

»Ja, ja«, nickte der schwerhörige alte Mann und nuschelte: »Pressiert nicht, hat viel Zeit, viel Zeit.«

Lotte kam pünktlich wieder, aber – Opa war verschwunden. Sie suchte ihn auf den Straßen zum Parkplatz hin, in verschiedenen Geschäften und der gesamten Innenstadt – kein Opa weit und breit. Als sie gar nicht mehr weiterwusste, machte sie sich, zitternd vor Angst, was mit dem alten Mann bloß passiert sein könnte, auf den Weg zur Mutter ins Gasthaus.

Die erste Person, die ihr beim Betreten der

Gaststube ins Auge fiel – war Opa, der sehr vergnügt in einer Ecke saß, mit einem halb vollen Glas Weißbier vor sich und einem anderen alten Mann neben sich.

»Opa! Ich hab dich überall gesucht!« Er grinste sie fröhlich an und deutete auf seinen Zechkumpan. »Der Schorsch, der da. Mit dem bin ich vor 70 Jahren in die Schule gegangen.« Er hob sein Glas, grinste stärker. »Damals haben wir viel gerauft!«

»Und ich hab gewonnen«, krähte der andere mit hoher Stimme, ein kleiner, dürrer Mann mit spärlichen Haaren um eine spiegelglatte Glatze.

Opa winkte ab, zwinkerte Lotte zu. »Das hat der falsch in Erinnerung. Ich hab gewonnen. Weißt du noch, Schorsch, wie …«

Lotte schüttelte den Kopf. Die beiden erzählten angeregt über die alten Zeiten, beide nuschelten und hörten kaum zu, was der andere sagte, oder vielleicht hörten auch beide schlecht, aber trotzdem amüsierten sie sich prächtig, jeder mit einem Weißbier vor sich.

Lotte ging zu ihrer Mutter. »Also so was! Angst und bang war mir, wohin er verschwunden ist. Ich hab schon gedacht, er ist unter ein Auto gekommen oder hat sich weiß Gott wohin verlaufen!«

Die Mutter lachte. »Jetzt reg dich ab. Er sitzt seit über einer Stunde da, inzwischen beim zweiten Weißbier und unterhält sich hervorragend. Was macht denn mein Enkerle, mein Schatzerl? Ja, komm her zu mir!«

Erst eine weitere Stunde später war Opa bereit, wieder nach Hause zu fahren. Und als die Oma ihre Verwunderung ausdrückte, weil es gar so lange gedauert hatte, zog er ein ernstes Gesicht und nuschelte: »Weil man immer so lang warten muss, beim Zahnarzt. Überhaupt, ich bräuchte kein neues Gebiss. Ich geh nur, weil ihr es euch einbildet.«

Dabei waren denn doch erstaunlich viele und sehr lange Zahnarztbesuche notwendig, bis das neue Gebiss zu Opas Zufriedenheit passte. Und Oma bemerkte nur einmal Lotte gegenüber: »Es ist schon komisch. Andere Leute, die beim Zahnarzt waren, riechen irgendwie komisch nach Chemie und Medizin, unser Opa dagegen nach Bier.« Lotte lachte und zwinkerte mit den Augen.

Die Vorbereitungen für die Tauffeier waren mit einer Menge Aufregung verbunden. Sozusagen zwischen Tür und Angel informierte Tonis Mutter das junge Paar darüber, dass sie ihre Schwester eingeladen hatte.

»Es hat sich so ergeben, als ich das letzte Mal mit ihr telefoniert hab. Ich sehe sie so selten und auf ein oder zwei Leute mehr kommt es nicht an, denk ich, oder?«

»Nein, kein Problem«, meinte Toni und bestellte das Mittagessen im Irzinger Wirtshaus entsprechend der neuen Gästezahl.

Danach sollte es auf dem Hof Kaffee und Kuchen geben. Die Schwiegermutter redete tagelang vorher von den Torten, die gebacken werden und von den Schmalzkücheln, die unbedingt aufgetischt werden sollten. »Meinst wirklich?«, fragte Lotte. »Fettes Schmalzgebackenes mitten im Sommer, bei der Hitze?

»Was hat denn das mit der Jahreszeit zu tun? Bei uns gehört das Schmalzgebackene einfach dazu, wenn ein Fest gefeiert wird!«, wurde sie belehrt.

»Na gut, aber …, also da müsstest du mir helfen dabei, Schwiegermutter. Kuchen backen kann ich natürlich, ich hab ein paar tolle Rezepte. Aber Schmalzkücheln hab ich bisher nicht gemacht.«

»Das hab ich mir schon gedacht. Ich backe sie auch lieber selber, die Kücheln, dann weiß ich, dass sie was werden. Und was die Kuchen betrifft, ich hoffe, es sind wirklich gute Rezepte mit Biskuitteigen, damit man sich nicht genieren muss vor der Verwandtschaft!«

Lotte zählte in Gedanken und ganz langsam bis zehn und war fest entschlossen, Ruhe zu bewahren. Dann beschrieb sie ihrer Schwiegermutter, welche Kuchen und Torten sie backen wollte. Sie einigten sich halbwegs.

Am Samstag vor dem großen Fest – man hätte es nicht für möglich halten sollen, dass die kleine Ursula die Hauptperson sein sollte – backte Lotte also vier Kuchen und Torten und meinte, damit seien die Vorbereitungen getan.

Mitnichten. »Das soll reichen? Für zwanzig Leute?«

»Aber klar. Vier mal zwölf gibt 48 Stücke, also mindestens zwei für jeden und Küchel wolltest du ja auch noch backen.«

»So knapp kann man nicht kalkulieren. Und der Kirschkuchen aus dem einfachen Rührteig, also ich weiß nicht …«

Lotte zählte wieder einmal ganz langsam bis zehn, atmete noch einmal tief durch. »Er schmeckt sehr gut. Schlagsahne gibt es natürlich auch dazu.«

Die Schwiegermutter musterte die vier Kuchen in der Speisekammer mit gerunzelter Stirn: Den Kirschkuchen, den Aprikosenkäsekuchen, den Marmorkuchen, die große Biskuitrolle, die am nächsten Tag mit Schokoladensahne gefüllt werden sollte.

Ursula fing an zu greinen und Lotte ging, um sich um ihre kleine Tochter zu kümmern. Das wäre, fand sie, allemal wichtiger und erfreulicher, als sich um die Tortengelüste der Verwandtschaft Gedanken zu machen.

Als Ursula eine gute Stunde später wieder selig schlief, kam Lotte in die Wohnküche zurück und fand ihre Schwiegermutter eifrigst beim Backen. Leere Teigschüsseln und andere benutzte Gerätschaften türmten sich in der Spüle, es duftete verführerisch wie in einer Konditorei. Die Schwiegermutter rührte emsig in einer Schüssel, sah kaum auf, als sie Lotte bemerkte.

»Könntest mir helfen und schon mal das schmutzige Geschirr spülen!«

Lotte zählte in Gedanken dieses Mal bis 20, dann machte sie sich stumm an die zugewiesene Arbeit.

Oma kam aus dem Gemüsegarten, der sie jeden

Tag stark beschäftigte, nahm ein Geschirrtuch und trocknete ab. Sie erzählte von Raupen am Blaukraut, einem gesprungenen Kohlrabi, den man bald verwerten müsse, vielen Ausläufern an den Erdbeerpflanzen und allerlei anderem, aber niemand hörte richtig zu oder antwortete ihr.

Die Schwiegermutter eilte geschäftig hin und her, ihre stressige Arbeit demonstrierend, und Lotte sagte sich ein ums andere Mal: Reden ist Silber, Schweigen ist Gold! Nur nicht den Mund aufmachen, befahl sie sich und schluckte ihren Ärger hinunter.

Sie arbeitete an diesem Abend besonders schwungvoll beim Füttern im Stall und anschließend beim Zusammenfegen des Hofes, damit auch nicht ein Büschelchen Heu oder Stroh anläßlich des Verwandtenbesuchs den Kies verunzierte.

Toni wunderte sich. »Sag mal, ist was, Lotte? Du redest heute gar nichts!?«

»Nix ist. Ich bin nur müd'.«

Die Schwiegermutter nahm sich kaum Zeit zum Abendessen. »Ich hab noch so viel zu tun für morgen!«

Lotte überwand sich und fragte: »Kann ich dir helfen?«

»Räum' du den Tisch ab und spül' das Geschirr. Um das andere kümmere ich mich lieber selber.«

»Das andere« waren zwei große, hohe Torten, Kunstwerke, die sie eben fachmännisch, wie es kein Konditor besser könnte, garnierte.

Der große Tag begann damit, dass alle Familienmitglieder sehr früh aufstanden. Auch auf die kleine Ursula musste sich die Aufregung übertragen haben, sie schrie schon vor Sonnenaufgang.

Geklapper und Geschepper aus der Wohnküche bewogen Lotte, gleich nachdem sie das Baby versorgt hatte, in die Wohnküche zu gehen.

Die Schwiegermutter war bereits emsig bei der Arbeit. »Gut, dass du da bist. Kannst gleich mithelfen und lernen, wie man einen guten Hefeteig für die Kücheln macht.«

»Willst du die jetzt auch noch backen?«

»Aber selbstverständlich. Außerdem müssen die heute gebacken werden, Hefegebäck ist nur frisch gebacken wirklich gut. Jetzt hol mir den Zucker …«

Lotte half mit, so gut sie konnte. Die Oma musste, als der Teig schön aufgegangen war, runde Kugeln daraus formen und nochmals zum Aufgehen auf ein Tuch legen. Nach der Stallarbeit buk die Schwiegermutter selber die Kücheln im heißen Fett.

Danach war es höchste Zeit für die Sonntagsmesse. Oma, die Schwiegereltern, Robert und Toni verließen festlich gekleidet das Haus. Lotte atmete erleichtert auf. »Gott sei Dank, jetzt hab ich für ein paar Minuten meine Ruhe!«

»Sind sie weg?« Opa lugte aus der Tür seiner Schlafkammer.

»Ja. Alle sind weg.«

»Gut.« Er zündete sich eine Zigarre an und setzte sich auf einen Gartenstuhl vor die Haustüre.

»Kommst du mit zur Taufe, Opa?«

»Nein. Weißt du, das Rumstehen in der kalten Kirche, das pack ich nicht mehr. Ich fahr schon mit dir und der Kleinen zur Kirche vor, aber ich geh dann gleich ins Wirtshaus.«

»Ach Opa! Du hast den richtigen Dreh raus!« Lotte setzte sich ebenfalls.

»Ihr Weiber immer! Macht euch viel zu viel Aufregungen um alles!« Er paffte dicke Rauchwolken in die klare Morgenluft.

»Wie Recht du hast, Opa.«

Langsam fuhr ein voll besetztes Auto in den Hof.

Lotte sprang freudig erregt auf. »Mutti!«

Ihre Mutter, Onkel, Tante und Kusine Renate entstiegen festlich gekleidet dem Gefährt.

Lotte fühlte sich gleich viel wohler und durchaus imstande den Tag zu überstehen.

Tatsächlich verging der Tag wie im Flug und alles klappte wie am Schnürchen: Die Taufe mit Toni an ihrer Seite und einer sehr braven Ursula, die mit großen Augen die vielen Leute um sie herum bestaunte und nicht einmal schrie. Das Essen im Dorfwirtshaus stellte alle zufrieden und dauerte lange, weil so ausführlich dabei geratscht wurde. Lotte lernte Omas jüngere Schwester kennen, eine ihr recht ähnliche, aber etwas molligere Frau, die viel über ihren Bauernhof erzählte und später sehr interessiert den gesamten Dallerhof inspizierte, um genau festzustellen, was sich seit ihrem letzten Besuch getan hatte. Die meisten von Tonis Verwandten schlossen sich dieser Tour an.

Lotte wunderte sich. »Sind die neugierig, mein Gott, was die alles sehen wollen!«

Toni erklärte: »Das ist so üblich. Wenn wir bei ihnen zu Besuch sind, dürfen wir ihre Höfe anschauen. Ein jeder will halt zeigen, was er hat.«

»Aha.« Lotte schüttelte den Kopf. »Komische Sitten gibt es auf den Bauernhöfen!«, sagte sie leise, so dass nur Toni es hören konnte.

Den Abschluss des Tauffestes bildete dann die Kaffeetafel am Nachmittag, da mehrere Verwandte Bauernhöfe besaßen und rechtzeitig zur Stallarbeit wieder daheim sein wollten. In der Wohnküche hatten sie drei Tische zusammengerückt und die Gespräche plätscherten munter weiter. Die Verwandtschaft lobte die schönen, vorzüglich schmeckenden Torten der Schwiegermutter, schaufelte Kaffee und Kuchen in sich hinein, bis beim besten Willen nichts mehr ging. Dann war es für einige von ihnen Zeit zum Aufbruch. Selbst wenn die meisten nur noch Nebenerwerbslandwirte waren, das Vieh musste versorgt werden.

Lotte und Toni bedankten sich artig für die mitgebrachten Geschenke und winkten den abfahrenden Wagen nach. Bedauernd verabschiedete Lotte ihre Verwandten und sah mit Ursula auf dem Arm vom Gartenzaun aus, wie Onkel Norbert in seiner üblichen, gemächlichen Art davonfuhr. Sie setzte sich aufatmend auf die alte hölzerne Gartenbank an der Hauswand, schaute auf die Gemüsebeete und genoss die Ruhe. Toni, der Schwiegervater und Robert waren bereits bei der Stallarbeit. Lotte sollte sich heute um die Aufräumarbeiten im Haus kümmern, so hatte es die Schwiegermutter bestimmt.

Nur ein Besuch war übrig, Omas jüngere Schwester. Durch die weit geöffneten Fenster hörte Lotte, wie diese sich drinnen in der Wohnküche immer noch angeregt unterhielt. »Mir pressiert es heute ausnahmsweise einmal nicht, weil eine Nachbarin meine Arbeit daheim übernimmt«, erklärte sie mit ihrer durchdringenden Stimme. »So ist das bei mir, eine Nachbarin muss aushelfen, wenn ich einmal nicht da bin. Ihr könnt euch gar nicht vorstellen, wie ich euch beneide: Der Toni ist selber kaum erwachsen und hat schon eine Frau und ein Kind!«

»Also, ob wir deswegen unbedingt zu beneiden sind …«, drang die, gehörige Zweifel ausdrückende, leisere Stimme der Schwiegermutter bis in den Garten hinaus.

»Du kannst gar nicht dankbar genug sein, das sag ich dir«, trompetete Omas Schwester förmlich. »Wo es für die jungen Bauern so schwer ist, überhaupt eine Frau zu finden. Schau mich an, was für ein armer Teufel ich bin: 70 Jahr alt und voll eingespannt in die Arbeit und der Seppi, mein Sohn, hat mir mit seinen 40 Jahren bis heute keine zum Heiraten ins Haus gebracht. Jeden Tag frage ich mich, wofür ich mich überhaupt abrackere, im Haus und mit unseren Mastschweinen. Manchmal möchte ich am liebsten alles hinschmeißen, weil ich gar keine Hoffnung mehr hab, dass er einmal eine Bäuerin für unseren Hof findet, der Seppi.«

Wieder antwortete die Schwiegermutter. »Eine Bäuerin, siehst du, das ist der springende Punkt. Was ist, wenn es eben keine richtige Bäuerin ist? Sondern eine, die von der Landwirtschaft hint und vorn nix versteht?«

»Das wäre mir inzwischen auch schon egal. Ich brächte ihr schon bei, was sie unbedingt wissen muss. Hauptsache, er fände überhaupt eine anständige Frau, mein Seppi. Sogar eine, die einen eigenen Beruf hat und den weiter ausüben wollte, wäre mir recht, nicht nur eine, die voll in die Landwirtschaft einsteigen will. Alles wäre mir recht und wenn es eine Geschiedene mit Kindern oder gar eine Evangelische wäre!« Sie seufzte tief. »So eine hübsche, nette und gescheite Frau hat er sich ausgesucht, euer Toni, und ein Mäderl haben die zwei auch schon! Da weiß man wenigstens, dass es weitergeht mit dem Hof, und arbeitet nicht umsonst.«

»Gelt ja, dir gefällt die Lotte!« stellte die Oma zufrieden fest.

»Hübsch und nett, mein Gott, das ist nicht das Wichtigste auf einem Bauernhof«, erklang wieder die anklagende Stimme der Schwiegermutter. »Sie ist bald drei Jahre älter als unser Toni. Und von der Bauernarbeit versteht sie halt gar nichts und nicht einmal vom Haushalt und Kochen recht viel!«

Lotte erstarrte auf ihrem Platz. Aber um nichts in der Welt hätte sie weggehen wollen.

»Das darfst du jetzt aber nicht so hart sagen, Maria«, meinte die Oma zu ihrer Schwiegertochter. »Sie hilft, wo es geht, trotz dem Baby, das versorgt sein will, und sie stellt sich gar nicht dumm an, also wirklich nicht. Füttert die Kühe und das Jungvieh, kann den Traktor fahren und arbeitet im Gemüsegarten und im Haus mit. Das wird noch eine erstklassige Bäuerin, die Lotte.«

Lotte war höchst erstaunt, dass die Oma sich zu ihrer Verteidigung aufgeschwungen hatte.

»Erstklassige Bäuerin, ha! Da bin ich aber gespannt, ob ich das noch erlebe!«, erwiderte Lottes Schwiegermutter spöttisch.

»Also ich an deiner Stelle, Maria, wäre für eine Schwiegertochter dankbar, auch wenn sie keine Bäuerin werden wollte. Wer weiß, wie lange wir mit unseren Höfen unseren Lebensunterhalt noch verdienen können. So wie die Zukunft in der Landwirtschaft ausschaut – eine Schwiegertochter, die einen guten Beruf hat und dazuverdienen kann, da muss sich ein jeder Bauer alle zehn Finger einzeln abschlecken, das sag ich dir! Und die Lotte, die ist Zahntechnikerin, nicht? In dem Beruf wird sicher nicht schlecht bezahlt werden, oder?«

Das Baby in Lottes Armen wurde unruhig. Sie wiegte es zärtlich, stand leise auf und ging über die hintere Haustüre ins Haus und gleich in ihr Zimmer, um Ursula zu wickeln und zu füttern.

Als Lotte später wieder in die Wohnküche kam, waren Oma und ihre Schwester allein, ratschten und waren dabei, in aller Ruhe Ordnung zu schaffen. Von den Kuchen, den Torten und dem Schmalzgebäck war mehr als die Hälfte übrig geblieben.

In Lotte blieb vom Tauffest ein tiefer Groll

zurück. Sie konnte die bösen Worte der Schwiegermutter, die sie mit angehört hatte, nicht mehr vergessen.

Das Verhältnis zu ihr wurde angespannter. Lotte bemühte sich nicht mehr so angestrengt, ihr alles recht zu machen. Wozu auch, fragte sie sich, da die schlechte Meinung der Schwiegermutter über sie, Lotte, ja feststand. Dabei habe ich mich so sehr bemüht, dachte Lotte bitter, aber dieser Frau kann ich eben nichts gut genug erledigen. Lottes Stimmung war öfters recht gedrückt. An vielen Abenden zog sie sich so zeitig wie möglich ins Schlafzimmer zurück, die einzige Möglichkeit für die junge Familie für sich zu sein. Bei aller, während des Tages geleisteten Arbeit war sie unzufrieden mit sich selber, weil sie stets den Eindruck hatte, nichts wirklich gut gemacht zu haben. Ein auf die Dauer immer unerträglicher werdendes Gefühl, grübelte Lotte, während sie in einer Modezeitschrift blätterte. Aber nicht einmal die neue Mode interessierte sie.

Toni kam zur Tür herein. »Willst du schon ins Bett?«, fragte er erstaunt.

»Nein, es ist zu heiß zum Schlafen.«

»Außer für unsere Kleine!« Er beugte sich über das Kinderbett und strich seiner Tochter über die Bäckchen. »Sie schläft ganz tief und fest. Wir gehen für eine Stunde spazieren, was hältst du davon? Es ist ein wunderbar warmer Abend.«

»Ich will die Kleine nicht so lange allein lassen«, wehrte Lotte unlustig ab.

»Die Oma passt auf. Sie macht das liebend gern. Ich hole sie.«

Die beiden spazierten in der einbrechenden Dämmerung durch das Dorf. In den Gärten blühten und dufteten Phlox und Nachtkerzen, Malven und andere Sommerblumen. Frühe Äpfel und Birnen waren reif und lagen verstreut in den Gärten und vereinzelt auf der Straße. Stimmen und Musik aus Radiogeräten und Fernsehern drangen aus weit offenen Fenstern, einige Familien saßen vor ihren Häusern und genossen den schönen Abend. Unzählige Grillen veranstalteten ein durchdringendes Konzert.

»Ist es nicht schön bei uns?«, fragte Toni, drückte Lotte mit einem Arm an sich und deutete mit dem anderen rundherum auf die Höfe und Häuser, die Wiesen, Felder und Waldstücke auf den Hügeln um das Dorf.

»Ja doch, es gefällt mir hier«, antwortete Lotte. »So viel anders als in einer Wohnstraße in der Stadt ist es auch gar nicht.«

»Findest du? Also hier draußen ist auf alle Fälle mehr Platz und man sieht viel mehr von der Landschaft. Schau mal, der Blick von hier aus bis zum Bach und drüben auf die Wiesen und Weiden und die Nebelschleier, die dort aufsteigen!«

»Schön. Aber …«

Ein Auto fuhr an ihnen vorbei, die Insassen grüßten und winkten ihnen freundlich zu.

»Hast du sie erkannt? Der Steph und seine Freundin.«

»Der von der Reparaturwerkstätte, nicht wahr?«

»Die zwei heiraten demnächst.«

»Ja, das hat mir die Babette erzählt. Sobald ihre eigene Wohnung fertig ausgebaut ist.« Lotte zögerte und fuhr dann entschlossen fort: »Sag mal, Toni, warum geht das bei uns auf dem Hof nicht? Dass wir zwei eine eigene Wohnung bekommen, mein ich?«

Er zuckte die Schultern, von dem Thema ganz offensichtlich nicht begeistert. »Es geht halt nicht. Man braucht den richtigen Platz dazu und das Geld.«

»Aber die von der Werkstatt bauen einen früheren Heuboden aus und machen viel selber dabei. Leere Heuböden gibt es bei uns auch!«

»Ach Lotte, das kostet trotzdem viel Geld und außerdem haben meine Eltern nein gesagt.«

»Nein gesagt? Du hast mit ihnen darüber gesprochen?«

»Ja, hab ich. Glaubst du, mir wäre es nicht auch lieber, wir können mehr für uns sein? Es geht nicht!«

»Haben deine Eltern gesagt! Toni, wie wäre es dann, wenn wir uns eine eigene kleine Wohnung in der Stadt suchten?«

Er war sehr erstaunt. »In der Stadt? Spinnst du? Ich arbeite auf dem Hof.«

»Dann fährst du eben jeden Tag hin und her.«

»Aber Lotte, und was ist mit dir? Und mit dem Baby? Da bräuchten wir zwei Autos und die Wohnung – wer soll das bezahlen? Ein Bauer und eine Bäuerin, die nicht auf ihrem Hof wohnen, das ist wirklich ein Schmarrn!«

Lotte war nahe daran, ihm zu gestehen, dass sie keinen Wert darauf legte, auf dem Hof mitzuarbeiten, bei den finanziellen Gegebenheiten und überhaupt! Aber um ihn nicht zu kränken, hielt sie den Mund und suchte einen anderen Ausweg. Sie spazierten eben über den Fuchsenweg, das Sträßchen, in dem sich Babettes kleines Häuschen und das von Hanna und Georg gegenüberstanden.

Da fiel Lotte ein: »Und wie wäre es, wenn wir uns im Dorf nach einer Wohnung umschauten? Es gibt hier einige neu gebaute Häuser ....«

Toni war entsetzt und ließ sie gar nicht erst ausreden. »Also jetzt spinnst du komplett: Der junge Dallerbauer und seine Frau wohnen zur Miete bei irgendeinem Nachbarn statt auf dem eigenen Hof. Das gäbe ein schönes Gerede bei den Leuten. Meine Eltern träfe der Schlag, wenn ich ihnen damit käme!«

Lotte wurde aus Verzweiflung lauter, löste sich aus seinem Arm. »Aber der Schmittner Georg und die Hanna arbeiten beide für den Betrieb von Georgs Vater und sie haben trotzdem ein eigenes Häuschen mit Garten gemietet. Bei denen geht das auch, und niemand findet etwas dabei!«

»Das ist ganz war anderes«, behauptete Toni.

»Was ist bei denen anders?«, wollte Lotte wissen.

Toni suchte nach Argumenten. »Na, es ist eben

anders. Die Schmittners haben eigentlich keinen Bauernhof, nur höchstens nebenbei. Und das Häuschen gehört der Hanna. Und mehr Geld als wir haben sie sicher auch.«

»Nein, das ist nicht wahr. Das Haus gehört nicht der Hanna. Es ist gemietet, das hat sie mir selber erzählt.«

»Es gehört ihren Eltern. Sehr viel Miete müssen sie sicher nicht zahlen und irgendwann erben sie es sowieso.«

Sie gingen stumm weiter, jeder für sich, mit einem guten Meter Sicherheitsabstand dazwischen.

Lotte hob hilflos die Arme. »Weißt du, wovon ich träume? Von einer eigenen Haustür, die ich hinter mir zumachen kann und hinter der ich allein sein kann. Und von einem Balkon wie bei Mutti, wo ich mich mal eine halbe Stunde in die Sonne legen kann und niemand schaut mich strafend an, weil ich ein paar Minuten lang keine unglaublich wichtige Arbeit tu'. Kannst du das nicht verstehen?«

Mit einem langen Schritt war Toni wieder neben ihr. »Natürlich kann ich das verstehen!«

Lotte jammerte weiter. »Deine Mutter und dein Vater sehen mich schon komisch an, wenn ich mich mit der Kleinen für ein paar Minuten auf die alte, von Holzwürmern zerfressene Bank im Garten setze. Dann fällt deiner Mutter sofort was ein, was auf der Stelle gemacht werden muss. Ich möchte nicht wissen, was passieren würde, wenn ich erst einen Liegestuhl aufstellen wollte. Der Sommer in diesem Jahr ist fast vorbei und ich bin ein einziges Mal für eine Stunde im Liegestuhl gelegen – bei Mutti auf dem Balkon. Bei euch auf dem Hof gibt es nur eines: Arbeit, Arbeit, Arbeit. Die ist heilig! Und wer es wagt, auch nur für kürzeste Zeit die Hände in den Schoß zu legen, der begeht gleich eine Sünde.«

»Ach Lotte! Ich überleg' mir was für nächstes Jahr, ich verspreche es dir. Du musst einfach mehr die Vorteile einer großen Familie sehen: Schau mal, wir waren mindestens vier oder fünf Mal beim Baden und wir können unbesorgt spazieren gehen, weil nämlich die Oma auf die Ursula aufpasst.«

»Oh, großartig ist das!«, spottete Lotte, während ihr die Tränen hinter den Lidern standen. »Fünf Mal beim Baden gewesen, fünf Mal spazieren gegangen in einem Sommer.«

Toni drückte ihren Arm an seine Seite. »Wir überlegen uns was, Lotte, bestimmt. Mir fällt was ein, ich verspreche es dir. Immerhin haben wir zwei eigene Zimmer.«

Lotte dachte an ihr eher kleines Schlafzimmer und die schmale Kammer daneben und schniefte. »Für uns beide und die Ursula. Sie wird größer. Wie soll das werden?«

»So schnell geht das ja nicht mit dem größer Werden. Bis dahin finden wir eine Lösung«, versicherte er. »Und es klappt doch immer besser mit meinen Eltern und dir, oder? Meine Mutter hat dich Babette gegenüber letzthin sehr gelobt, ich hab es selber gehört.«

Ja, und sie hat genau gewusst, wer zuhört, dachte Lotte ironisch und unversöhnlich. Außerdem muss den Leuten vom Dorf gegenüber der schöne Schein gewahrt werden – da lässt man sich doch nichts Negatives nachsagen! Lotte fuhr sich über die Augen und richtete sich auf. »Na schön, ich werde mein Bestes tun. Und uns fällt was ein.« Sie lachte plötzlich auf, wenn auch eher bitter als fröhlich. »Der Opa hat mir neulich den alten Baum gezeigt, wo ihr als Buben euer Baumhaus gebaut hattet. Wie wäre es damit?«

Toni grinste. »Ja, genau, die alte Linde. Ich baue ein neues, ganz komfortables Baumhaus für uns. Oder wie wäre es mit einem Wohnwagen? Wir stellen ihn in den neuen Obstgarten hinter der Maschinenhalle auf, da sind wir ganz ungestört.«

Sie träumten unmögliche Zukunftsträume, lachten darüber und Lotte beruhigte sich wieder etwas. Sie war nur zu gern bereit, das Beste aus der Gegenwart zu machen und an eine bessere Zukunft zu glauben, Toni zuliebe!

Sie sprachen in der nächsten Zeit einige Male darüber, wie und wo eine eigene Wohnung auf dem Hof ausgebaut werden könnte. Das heißt, eigentlich machte Lotte die verschiedensten Vorschläge und Toni wehrte stets mit handfesten Argumenten ab: Zu teuer, zu viel Arbeit, seine Eltern wären niemals damit einverstanden.

Erst allmählich und widerwillig konnte Lotte sich die Wahrheit eingestehen: Toni fühlte sich wohl inmitten seiner Familie, ihm stand gar nicht der Sinn danach, sich ein eigenes Domizil zu schaffen. Und er wollte sich auch in keiner Weise mit seinen Eltern auseinandersetzen, erkannte Lotte mit Schrecken. Weil sie ihn liebte, versuchte sie ihn zu verstehen und Entschuldigungen dafür zu finden. Ganz klar, er wollte gut mit ihnen auskommen, er liebte selbstverständlich seine Eltern, den Hof, seine Arbeit. Und – die Eltern behandelten ihn, Toni, anders als sie, Lotte. Er gehörte zu ihnen, wurde bei Entscheidungen durchaus mit einbezogen und für die Arbeit, die er leistete, geachtet.

Ehrlicherweise fragte sich Lotte: Würde denn sie sich jemals ernsthaft mit ihrer Mutti streiten? Kaum. Allerdings, so fand Lotte, war das bei ihrer liebevollen Mutti auch nicht notwendig! Mutti war eben so ganz anders als die Schwiegermutter.

Lotte erfüllte ihre inzwischen recht klar abgesteckten Pflichten auf dem Hof und überlegte eine Weile, dann beschloss sie eines Tages, nicht feige zu sein und die Wohnungsfrage selber einmal den Schwiegereltern gegenüber anzusprechen, bei passender Gelegenheit!

Es war nicht leicht, diese Gelegenheit zu erspüren. Erst musste die Ernte eingebracht werden, dann die Felder umgebrochen und Zwischenfrüchte angebaut werden, dann stand eine letzte Heuernte an, dazwischen gab es Probleme mit einer Kuh, die nach dem Kalben nicht mehr aufstehen wollte – jeden Tag Hektik, Hitze, Schweiß, die ängstliche Frage, ob das schöne Wetter anhalten beziehungsweise ob es zur rechten Zeit auch wieder regnen würde. Jeden Tag schien es etwas zu geben, was gerade viel wichtiger war als die eigenen Probleme, als die Menschen auf dem Hof – ob Wetter, Feldarbeit oder die Gesundheit der Tiere. Also stellte Lotte ihre eigenen Bedürfnisse zurück, wie alle anderen auch. Darüber zog der Herbst ins Land mit seinem besonderen, weichen Licht, bunter und gleichzeitig nebliger, als sie ihn je erlebt hatte, nun, da sie von so viel Natur umgeben war: An den Obstbäumen hingen rotbackige Äpfel und gelbe, saftige Birnen, die Bäume im Wald und die Hecken schmückten sich mit leuchtend gelbem und rotem Laub, Nebelschleier fluteten morgens und abends über Senken und Hügel, schwirrende Mückenschwärme tanzten in der lauen Herbstluft, farbenprächtige Herbstastern blühten üppig in den Bauerngärten; purpur und orange leuchteten die Früchte der Pfarrerkäppchensträucher und rot die Beeren des Weißdornes, die schwarzen, glänzenden Holunderbeeren hingen schwer an den Sträuchern am Waldrand und zogen laut kreischende Starenschwärme an, deren Gefieder im Sonnenlicht aufglänzte, schwarz, mit metallisch grünem Schimmer und weißen Punkten darin.

Dann war die große Hochzeit bei Schmittners in aller Munde, nahezu das ganze Dorf war eingeladen, auch die Thalhammers.

»Und wer geht?«, wurde beim Mittagessen diskutiert.

»Ich gehe am Vorabend zum Junggesellenabschied, das ist sicher am lustigsten,«, ließ Robert wissen.

»Der Opa bleibt natürlich daheim. Aber ich würde die Braut schon gern sehen.« Oma verkündete: »Ich werde in die Kirche gehen!«

»Dann gehen wir beide zur Hochzeitsfeier!«, erklärte die Schwiegermutter mit Blick auf den Schwiegervater, der nickte. Nach einem Moment des Schweigens fuhr sie fort: »Du kannst ja durch das Baby sowieso nicht länger aus dem Haus, Lotte. Und was ist mit dir, Toni?«

»Ich geh nicht, ohne die Lotte schon gar nicht.«

»So? Na, ist auch gescheiter, nachdem ihr selber keine Hochzeitsfeier abgehalten habt.«

»Aber das kommt noch, oder? Wann heiratet ihr eigentlich in der Kirche?«, fragte die Oma.

Lotte und Toni sahen sich an, zuckten die Schultern.

Die Schwiegermutter antwortete rasch: »Solange die Ursula noch so klein ist, geht das nicht. Später einmal halt.«

Lotte war erstaunt und fast gerührt über das Verständnis der Schwiegermutter. Sie hatte eher mit Vorwürfen gerechnet, weil sie sich noch nicht hatten kirchlich trauen lassen.

»Aber Toni, Lotte, wenigstens am Abend werdet ihr zwei doch zum Tanzen auf die Hochzeit gehen, oder?«, drängte Oma. »Das gehört sich für eine junges Paar und ich passe auf die Ursula auf.«

»Okay. Im Kramerladen hört man wahre Lobeshymnen über das Brautkleid und den Schleier.

Und die Wohnung von dem jungen Paar soll wunderschön geworden sein. Babette hat sie gesehen und sie sagt, durch das alte böhmische Gewölbe vom alten Kuhstall soll besonders das Erdgeschoß wirken, als käme man in ein Schloß hinein.« Lotte atmete tief durch. Endlich waren sie beim Thema!

»Das wird einen Haufen Geld gekostet haben. Einen ganzen alten Stall samt Heuboden ausbauen, meine Herren!«, sagte der Schwiegervater. »Da muss man Schmittner heißen, damit man sich das leisten kann. Ist ja auch nicht schlecht gelaufen, bei den Schmittnerbuben. Die Hanna, die Frau von dem Jüngeren kriegt einmal das Haus von den Eltern und die Braut von dem Älteren ist die Tochter von einem Holzhändler.« Er machte die Geste des Geld Zählens.

Vorsichtig wandte Lotte ein: »Wenn die Wohnung nicht so groß und exklusiv sein muss, könnte man dann nicht auch bei uns auf dem Hof eine ausbauen?«

Es war gesagt! Lotte schaute zu Toni hin, der einfach weiteraß. Der Schwiegervater runzelte die Stirn. »Wir haben doch keinen Geldesel!« Die Schwiegermutter erregte sich: »Was dir alles einfallen täte. Ist es dir nicht gut genug in unserem schönen großen Haus?«

»Doch, doch, natürlich«, beeilte sich Lotte zu versichern, bestrebt, die Schwiegereltern nicht zu beleidigen. »Aber die Zeit vergeht, die Ursula wird größer und braucht mehr Platz.«

»Als wenn bei uns nicht jede Menge Platz wäre,

bei den großen Zimmern. Und es heißt immer, es gäbe für ein Kind nichts Schöneres, als auf einem Bauernhof aufzuwachsen.«

»Ja, aber das Kammerl von der Ursula ist schon sehr klein.«

»Als wenn die Kinderzimmer in der Stadt größer wären!«, verteidigte die Schwiegermutter ihr Haus.

Schwager Robert meinte ironisch: »Na, da muss ich wohl schauen, dass ich bald aus dem Haus bin, dann habt ihr ein Zimmer mehr ...«

Empört fuhr die Schwiegermutter auf: »Das wäre ja noch schöner, den eigenen Sohn werden wir aus dem Haus treiben, von wegen! Dableiben kannst du, so lange du willst, das garantiere ich dir, Robert. Nicht genug Platz, also so was!«

Nun endlich meldete sich Toni zu Wort. »So war das nicht gemeint, Mam. Was die Lotte, ... was wir meinen, ist, dass es eben schön sein müsste, eine eigenc kleine Wohnung zu haben, versteht ihr das nicht? Heutzutage ist das auch auf den Bauernhöfen durchaus üblich.«

»Wir haben so ein großes Haus, da braucht es keine eigene Wohnung für euch!«, beschied der Schwiegervater kurz und bündig.

Die Oma seufzte und fing an: »Der Opa und ich, wir leben auch nicht mehr ewig, Lotte, dann ...«

Entsetzt fiel ihr Lotte ins Wort: »Oma, um Gottes Willen! Ich hoffe, ihr werdet beide hundert Jahre alt. Es geht mir doch auch gar nicht um mehr

Zimmer hier im Haus. Was ich mir wünsche, ist eine eigene, abgeschlossene Wohnung mit einem eigenen Bad, einer eigenen Küche. Ist das zu viel verlangt?«

Alle sahen sie an, außer Toni. Schließlich antwortete die Schwiegermutter: »Das hättest du dir früher überlegen müssen, Lotte, und dir nicht ausgerechnet unseren Toni als Ehemann aussuchen dürfen.« Ihr Ton ließ keinen Zweifel daran, wie tief sie gekränkt war.

Es folgte eine ungemütliche Stille und dann ein Themenwechsel durch die Oma: »Was kaufst du denn dem Brautpaar als Hochzeitsgeschenk, Maria?«

Damit war das Thema eigene Wohnung erledigt. Sogar Toni zeigte eine verschlossene Miene und Unbehagen, als Lotte abends im Schlafzimmer darauf zurückkam. Deprimiert forderte sie: »Du hättest mich wirklich mehr unterstützen können. Du willst die eigene Wohnung genauso wie ich, oder?«

»Ja, und das hab ich doch gesagt. Aber man kann nicht alles haben im Leben.«

»Nein, schon gar nicht, wenn man sich nicht dafür einsetzt«, erwiderte Lotte zornig.

Worauf Toni aufgebracht schrie: »Herrschaftseiten, was ist so schlimm daran, so wie es ist? Wir haben alles, was wir brauchen, einschließlich zweier eigener Zimmer. Warum reicht dir das nicht?« Er atmete tief durch und sprach ruhiger weiter. »Meine Eltern und die Großeltern haben dich akzeptiert und in die Familie aufgenommen. Was wäre schon so vorteilhaft an einer eigenen Wohnung? Du hättest mehr Arbeit mit Kochen und Putzen. So helfen alle zusammen, das hat auch was für sich. Kannst du das nicht einsehen?« Seine Hand berührte Lottes Finger.

Lotte schloss genervt die Augen. Vorteilhaft? Was war schon positiv an der derzeitigen Situation? Ständig wurde ihr in Worten, noch öfter in Mimik und Gestik klar gemacht, dass sie nichts gut genug konnte. Ja sogar in Bausch und Bogen wurde sie als unfähig verurteilt, wie damals, als die Schwiegermutter mit Omas Schwester sprach. Mit wie vielen Bekannten, Verwandten und Dörflern mochte die Schwiegermutter in ähnlicher Weise geredet haben?

Was war dagegen die Versorgung eines eigenen Haushaltes? Kochen können, was sie wollte, statt sich nach den langjährigen Gewohnheiten und einzig wahren und richtigen Verfahrensweisen der Schwiegermutter richten zu müssen – welch eine erleichternde Vorstellung! Wie es aussah, ein Traum, der niemals Wirklichkeit werden würde.

»Ach Toni, ich versuche ja die Vorteile zu sehen, aber das Leben in einer Großfamilie hat auch ziemliche Nachteile.«

»Sicher, das will ich gar nicht bestreiten. Und dir ist halt so viel Familie um dich herum neu und fremd. Du brauchst Zeit, dich daran zu gewöhnen. Wirst sehen, eines Tages kannst du dir gar nicht mehr vorstellen, wie du es früher ausgehalten hast ohne uns alle.«

Lotte bezweifelte das ganz entschieden.

»Bitte Lotte«, bettelte Toni, umarmte sie, koste ihre Augen, ihre Wangen, ihre Lippen, »bitte versuche doch, dich bei uns einzugewöhnen, mir zuliebe und für unsere Kleine. Was meinst du, wie schön es für ein Kind ist, in einer großen Familie aufzuwachsen, mit Großeltern und sogar Urgroßeltern, wo immer jemand Zeit hat, sich mit dem Kind zu beschäftigen.«

»Vielleicht hast du ja Recht!«, ergab sich Lotte wieder einmal seiner Zärtlichkeit und seinen gar nicht so unvernünftig klingenden Argumenten.

Schwierige Aufgaben für Lotte

Nach einigen schönen, wirklich goldenen Herbsttagen Anfang Oktober schlug das Wetter um. Dicke, tief hängende Wolkenschichten nieselten erst tagelang vor sich hin, dann hing grauer Nebel unbeweglich und nasskalt über dem niederbayerischen Hügelland. Die Wetterberichte in Radio und Fernsehen meldeten dagegen strahlendsten Sonnenschein für die höher gelegenen Gebiete und das Gebirge. Lotte schaute sehnsüchtig auf die von Sonnenschein geprägten Bilder im Fernseher, während sie alle unter der deprimierenden Nebelglocke gefangen waren wie unter einer nassen, düsteren Decke. Kein Vogel wollte mehr singen und sogar das Kläffen der Hunde von den Nachbarn klang gedämpft, eine trostlose Welt.

Doppelt trostlos, weil Toni von früh um halb sieben bis oft spät in die Nacht nicht auf dem Hof war. Der Graf von Wiesing hatte ihn wieder einmal als LKW-Fahrer für einen Kieslaster angeworben, weil er einen Auftrag für ein größeres Bauvorhaben ergattert hatte. Toni fuhr nur zu gern, wollte sich diese Möglichkeit Geld zu verdienen nicht entgehen lassen. Seine Eltern waren einverstanden, meinten aber, Lotte sollte dafür mehr im Stall helfen.

Also stand Lotte früher auf als bisher, versorgte Ursula, überließ sie dann der Aufsicht der Oma und marschierte in den Stall, um Kühe, Jungvieh und Kälber zu füttern, während die Schwiegereltern molken, ausmisteten und neu einstreuten.

Eines Tages meinte die Schwiegermutter, es wäre für Lotte an der Zeit, das Melken zu erlernen.

Mit gemischten Gefühlen stimmte Lotte zu und ließ sich einweisen. Gleich am Anfang stellte sie fest, dass Kühe von hinten keine gutmütigen Muskelpakete waren, sondern große, äußerst starrsinnige Kolosse, die von ihr kaum dazu zu bewegen waren, einen Schritt zur Seite zu treten, wenn sie sich zum Melken zwischen sie drängen musste. Sie reagierten auf Lottes eher zaghafte Kommandos überhaupt nicht. Ihre kompakten Hinterteile standen unverrückbar, schieben und klopfen nützte nichts. Die Ungetüme rührten sich nicht von der Stelle. Der Schwiegervater drückte ihr einen kurzen, dicken Stock in die Hand, ein antippender Schlag und ein kurzes, scharfes Kommando von ihm genügten und die widerspenstige Kuh trat genau den Schritt zur Seite, der notwendig war, um zwischen sie und ihre Nachbarin gehen zu können.

Lotte stellte fest, dass die Kühe auch viel größer waren, als man es vom erhöht gebauten Futterboden aus für möglich gehalten hätte. Sie konnte kaum über ihre Rücken sehen, fand sich eingeklemmt zwischen zwei dicken, weiß und braun gefleckten Bäuchen. Angst zu haben blieb ihr keine Zeit, sie musste aufpassen und lernen, wie das Euter zu reinigen, anzumelken und die Sauger der Melkmaschine an den Zitzen anzubringen waren. Es war nicht leicht, aber schließlich gelang es ihr.

Nachdem vier Kühe unter der Mithilfe des Schwiegervaters gemolken waren, hatte sie es für dieses erste Mal geschafft, völlig erledigt, nass geschwitzt und von Kopf bis Fuß nach Kuh stinkend. Trotzdem gratulierte sich Lotte, war fast stolz auf das, was sie gelernt hatte, und hörte zufrieden, wie mit regelmäßigem, rhythmischem Pumpen die Milch durch das Rohrsystem in den großen Tank floss.

»So, jetzt musst du noch lernen, wie das Melkgeschirr in der Milchkammer gewaschen wird. Das muss ganz sauber gemacht werden«, erklärte ihr die Schwiegermutter und forderte sie auf, mitzukommen.

Lotte kam, trat in die Milchkammer, atmete einmal ein und es wurde ihr von dem hier herrschenden Geruch schlagartig so übel, wie noch nie in ihrem Leben. Dieser etwas seltsame, überaus intensive Geruch nach warmer Milch, den speziellen Reinigungsmitteln und weiß der Teufel was sonst war so abscheulich, dass sich ihr der Magen verkrampfte und sie es als wahres Glück betrachtete, noch nicht gefrühstückt zu haben.

Lotte hielt die Luft an, hielt sich die Hand vor Mund und Nase, drehte sich um und raste aus der Milchkammer hinaus bis mitten auf den Hof, wo sie keuchend und nach sauberer Luft ringend stehen blieb.

Die Schwiegereltern sahen ihr ratlos nach, riefen: »Was war denn das jetzt? Was hast du denn?«

Lotte atmete einige Male tief ein und aus, um den fürchterlichen Geruch aus der Nase zu bekommen. Hilflos deutete sie auf die Milchkammer. »Der Geruch da drin ..., ich kann da nicht atmen. Mir ist so schlecht davon geworden ...« Sie ging ein paar weitere Schritte rückwärts, weg von der Milchkammer.

Die Schwiegermutter schüttelte verständnislos den Kopf. »Der Geruch? Was da schon dabei ist!«

»Ich kann da nicht hineingehen, nein, beim besten Willen nicht ...«

»So ein Blödsinn!«, brummte der Schwiegervater und ging mit der Schwiegermutter nach einem langen Blick voller Verachtung auf Lotte in die Milchkammer zurück.

Lotte stand allein da und kam sich sehr dumm vor. Hatte sie sich alles nur eingebildet? Mit vorsichtigen Schrittchen näherte sie sich wieder der Milchkammer. Schon vor der Türe stieg ihr der bewusste Geruch erneut in die Nase. Sie wagte einen weiteren Schritt, war in der Türe, hielt den Atem an und trotzdem – es war schrecklich. Lotte lief mit langen Schritten davon. Der Geruch war ihr unerträglich.

Sie ging ins Haus, duschte, versorgte die kleine Ursula. Allein die Erinnerung an den Geruch in der Milchkammer machte ihr noch den ganzen Tag über zu schaffen. Sie schwor sich, nicht einmal mehr in die Nähe zu kommen!

Und daran hielt sie sich. Sie war am Abend durchaus bereit, beim Melken zu helfen. Der Schwiegervater wies ihr einige Kühe zu, die, wie er sich ausdrückte, ganz brave Viecherl wären, die niemand nix täten und gut folgten, und es klappte auch recht gut. Aber das Auswaschen des Melkgeschirrs und andere Arbeiten in der Melkkammer überließ sie den Schwiegereltern. »Ich kann da einfach nicht hineingehen!«

Als später Toni nach Hause kam, setzte die Schwiegermutter ihm das bereitgehaltene Essen vor und die erste Neuigkeit, die er von ihr erfuhr, war ein ausführlicher Bericht über Lottes Leistungen als Melkerin und ihre Probleme mit der Milchkammer. »Wie man sich nur so anstellen kann, wegen dem Geruch!«, spöttelte sie kopfschüttelnd.

Toni – und dafür würde sie ihm ein Leben lang dankbar sein – fand die Angelegenheit nicht zum Lachen oder auch nur zum Grinsen. Er schaute ganz ernsthaft und aufmerksam zu Lotte hin und urteilte schlicht: »Das kann ich verstehen. Der Geruch in der Milchkammer kann umwerfend intensiv sein. Mach dir nichts draus. Du musst nicht hineingehen. Es sind andere da, denen der Geruch nichts ausmacht, oder?« Und dabei sah er seine Mutter an und Robert, der vorher über Lottes Probleme herzlich gegrinst hatte.

Seine Mutter zog die Brauen hoch, äußerte sich zwar nicht mehr, aber alle Vorwürfe, die sie hätte vorbringen können, standen auch ohne Worte im Raum.

»Schade, dass ich nicht da bin, Lotte. Ich hätte dir das Melken gern selber gezeigt«, sagte Toni und fragte dann seine Eltern: »Warum ist euch das mit dem Melken überhaupt ausgerechnet jetzt eingefallen? Es hätte doch nicht so pressiert, dass Lotte es lernt!«

Die Mutter erwiderte aufgebracht: »Und warum nicht jetzt? Jederzeit kann einmal jemand von uns krank sein, dann ist es gut, wenn sie es kann.«

»Ach, ihr seid nie krank. Und ich bin auch noch da.«

»Ja, wenn du nicht gerade woanders arbeitest!«

»Das würde ich sofort aufgeben, wenn von euch jemand krank wäre!«, warf er vernünftig ein.

»Trotzdem«, verteidigte die Mutter ihren Standpunkt, »es ist doch das Mindeste, dass eine junge Bäuerin auf einem Milchviehbetrieb melken kann, oder? Was soll daran verkehrt sein?«

Selbst Lotte konnte sich diesem Argument nicht verschließen. »Ja, das finde ich auch, Schwiegermutter. Ich werde es weiter lernen, Toni. Nur in die Milchkammer, also da geh ich nicht hinein, ich kann es beim besten Willen nicht. Aber das Melken an sich, das schaffe ich.«

Toni lächelte seine junge Frau an. »Wenn du meinst …! Ich wollte dir diese Melkerei zwischen den Kühen eigentlich ersparen. Es wäre früh genug gewesen, sobald wir einen modernen Melkstand gebaut hätten: Da steht man hinter einer Absperrung tiefer als die Kuh und kommt bequem und viel ungefährdeter ans Euter.«

Der Schwiegervater schaute seinen Junior streng an. »Da träumt wieder einer. Wer soll das bei den Milchpreisen bezahlen? Wir bleiben schön bei unserer alten Methode.«

»Aber Babb ...«

Wieder einmal entspann sich die übliche Diskussion, ohne neues Ergebnis. »Solang ich hier wirtschafte und arbeite, geht es, wie ich will!«, beharrte der Vater. »Erst wenn du einmal übernimmst, kannst du machen, was du willst!«

Da diese Redewendung »wenn du einmal übernimmst« bereits einige Male in Gesprächen gefallen war, fragte Lotte Toni, für wann denn diese Übernahme geplant sei.

»Wenn mein Vater 65 Jahre alt ist, denke ich. Sonst kriegt er seine Altersrente nicht ausbezahlt. Da muss er mir dann den Hof überschreiben oder zumindest verpachten«, erklärte Toni.

»65? Jetzt ist er 48.« Lotte rechnete nach. »In 17 Jahren? Mein Gott! Und bis dahin wird es so weitergehen? Du, oder besser wir arbeiten hier auf dem Hof als billige Arbeitskräfte, ohne richtiges Gehalt und tun schön brav, was uns angeschafft wird?« Lotte war total entsetzt.

Toni entgegnete unwirsch. »So darfst du das nicht sehen. Statt eines Gehalts leben wir schließlich hier. Wir zahlen keine Miete, keinen Strom, kein Wasser, keine Heizung und was weiß ich, was noch alles. Auch Essen und Trinken ist teuer und was ich im Kieswerk dazu verdiene ist nicht zu verachten. Was willst du mehr?«

Lotte überlegte ernsthaft, dachte an die Einkäufe, die sie jeweils an den Dienstagen vom Supermarkt in der Stadt mitbrachte und immer selbst bezahlt hatte. Sie dachte an die ständigen Bevormundungen, als wäre sie ein kleines Kind und ein Dienstbote gleichzeitig. »Ja, was will ich mehr«, murmelte sie. »Das kann ich dir sagen: Ein bisschen eigenständiges Leben ohne Gängeleien. Wie hältst du das nur aus, immer das zu tun, was dein Vater für gut und richtig befindet, ohne Aussichten, eigene Ideen zu verwirklichen?«

Toni grinste selbstbewusst. »So arg, wie es auf den ersten Blick aussieht, ist es gar nicht. Es läuft vielmehr so: Wenn ich etwas will, eine neue Maschine zum Beispiel oder den Laufstall und die Melkanlage, dann rede ich öfters darüber, zähle die Vorteile auf, sage ihm, wer alles bei uns in der Gegend oder von den Verwandten modernisiert hat, immer wieder einmal und nach einer Weile wird der Babb dann schon weich. Bei unserem großen Bulldog war es so. Es braucht halt nur seine Zeit, bei den Alten.«

»Tolle Strategie«, bemerkte Lotte trocken ironisch.

»Ist es auch!«, verteidigte sich Toni.

Das leise Greinen Ursulas wurde zum Geschrei. Lotte seufzte. Ursula war über Monate hinweg ein ruhiges, unkompliziertes Baby gewesen. Aber in jüngster Zeit schrie sie etliche Male laut und durchdringend, obwohl sie trocken war, keinen Hunger hatte und weiterhin prächtig gedieh. Gleich nach dem ersten Mal war Lotte mit ihr zum Kinderarzt gegangen, der jedoch auch keinen Grund für ihr Schreien finden konnte.

Wieder einmal war die Windel trocken, sie wollte keinen Tee und schrie trotzdem. Lotte nahm ihre kleine Tochter in die Arme, wiegte sie, sprach leise auf sie ein – es nützte nichts.

»Gib sie mir!« Toni nahm die Kleine, legte sie auf das Bett, redete mit ihr, streichelte sie. Nach wenigen Minuten wurde das Schreien leiser, brach ab. Ursula machte ihre Augen noch einmal weit auf, gähnte herzhaft und war eingeschlafen. »Wenn ich bloß wüsste, warum sie so oft schreit. Für die Zähne ist es eigentlich noch zu früh.«

»Wahrscheinlich will sie nur nicht allein sein, gelt meine Kleine? Du willst überall dabei sein, das ist es.«

»Vielleicht. Komisch. Wenn die Oma auf sie aufpasst, schreit sie viel seltener und beruhigt sich eher wieder.«

»Ich glaube, sie spürt, dass die Oma jede Menge Zeit hat und nichts anderes im Sinn, als neben ihr sitzen zu bleiben. Das gefällt ihr wohl.«

Ja, dachte Lotte, da mochte etwas Wahres daran sein, und beneidete die Oma, die nicht in den Stall gehen und sich die verschiedensten Arbeiten anschaffen lassen musste. Oma tat jeden Tag das ihre in Haus und Garten und darüber wurde nie debattiert. Gerade in den nächsten Wochen – die schrecklichste Zeit ihres Lebens, wie Lotte später behauptete – wünschte sich Lotte oft, alt und grau und weise und abgeklärt zu sein wie die Oma. Buchstäblich jeden Tag ging etwas schief oder artete aus den diversesten Gründen zu einem Nervenkrieg aus.

Roberts langjähriger Chef verkaufte sein Geschäft, die Hälfte der Belegschaft wurde gefeuert, einschließlich Robert – aus sozialen Gründen, wie es hieß: Er hatte keine Familie zu versorgen und ein kostenloses Heim auf dem Hof. Man hätte glauben sollen, seine Mithilfe daheim hätte das Leben für Lotte erleichtert, aber nein! Er war oft nicht da, sondern mit seinen sportlichen Hobbys beschäftigt, und wenn er da war, wurde er von der Mutter umhegt und in alle Belange des Hofes mit einbezogen, etwa um Rat gefragt, und Lotte fühlte allzu deutlich, wie wenig sie dagegen dazugehörte.

Die Schreianfälle der kleinen Ursula, die anfangs nur abends aufgetreten waren, beunruhigten sie inzwischen auch am Morgen. Nichts half, der Arzt war ratlos, Lotte oft verzweifelt, die Familie genervt, Oma meistens die letzte Rettung. Durch ihre Zusprache beruhigte sich Ursula noch am ehesten. Oder durch Toni, der jedoch nach wie vor von früh bis spät einen Kieslaster fuhr. So froh Lotte um den Verdienst war, ihre finanzielle Lage war nun wirklich nicht rosig, seine Abwesenheit machte ihr das Leben auf dem Hof um etliches schwerer. Sie erkannte erst jetzt, wie seine bloße Anwesenheit sie vor ständig neuen Anforderungen durch ihre Schwiegereltern geschützt hatte.

Lotte bemühte sich nach Kräften, den an sie gestellten Aufgaben gerecht zu werden, von fast so etwas wie einem schlechten Gewissen angetrieben angesichts verschiedener spitzer Bemerkungen wie etwa: »Wenn der Toni schon nicht da ist« oder »Jetzt wird es Zeit, dass er wieder daheim arbeitet, schön langsam müsste das Geld, das er verdient hat, doch reichen für deine Ansprüche!«

»Welche Ansprüche?«, fragte Lotte, und als sie nicht gleich eine Antwort bekam, fuhr sie ärgerlich fort: »Windeln, Babywäsche und Babynahrung, Winterschuhe und eine Winterjacke, sind das zu hohe Ansprüche?«

»Nein, nein, so ernst war das nicht gemeint«, schwächte ihre Schwiegermutter ihre ursprüngliche Aussage ab. »Ich finde halt, Toni kümmert sich in letzter Zeit arg wenig um die Arbeit auf dem Hof, die Stallarbeit müssen wir ohne ihn tun und das Ackern und Anbauen bleibt auch dem Babb und dem Robert allein.«

Lotte überlegte tatsächlich einen Augenblick lang, ob sie anbieten sollte, das Ackern zu lernen. Aber dann dachte sie an Ursula, für die sie durch die vermehrte Stallarbeit und ihre sonstigen Aufgaben sowieso zu wenig Zeit hatte und sah davon ab. Und überhaupt, dachte sie, warum sollte der Schwiegervater seine Felder nicht selber pflügen? Allmählich fragte sich Lotte wirklich, ob die zwei kümmerlichen Zimmer und das Essen die ganze Arbeit und vor allem den Nervenkrieg wert waren.

Denn wie oft gelang es ihr schon, ihre Aufgaben

zur Zufriedenheit der Schwiegereltern zu erledigen, von Anerkennung erst gar nicht zu reden! In letzter Zeit schien ihr nichts mehr zu gelingen. Sie kochte das Mittagessen allein, weil die Schwiegermutter zum Zahnarzt musste, und prompt rümpften sie die Nase über den komischen Geschmack des von ihr verwendeten Olivenöls. Und wenn es noch so gesund sei, dieses Olivenöl, wurde sie belehrt, bei ihnen werde mit Butterschmalz gekocht und gebraten, Punktum.

Und als Lotte von Tante Fanny einige schöne Stauden von Herbstastern, Japananemonen, Rittersporn und Frauenmantel geschenkt bekam, fand sich im ganzen großen Garten kein Fleckchen Platz dafür. Unnützes Zeug, das nur Platz für das Gemüse wegnähme, sagte die Schwiegermutter. Wobei im letzten Jahr mit allerlei ausgeschossenem Salat und sonstigem überzähligen Gemüse die Kühe gefüttert worden waren.

Lotte stach im Obstgarten ein Stück Gras aus für die Blütenpflanzen, setzte sie ein, goss sie an. Danach stand sie gerade mit Ursula auf dem Arm am Gartenzaun, als eine Gruppe junger Mädchen auf Ponys fröhlich grüßend vorbei zog. »Schau mal, Spatzerl, so schöne Pferdeln. Wenn du größer bist, darfst du auch auf so einem Pony reiten, was meinst du dazu?« Lotte wandte sich an Toni. »Wäre das nicht eine Idee? Zwei Haflinger auf dem Hof zum Beispiel? Ich glaube, es würde mir sehr gefallen, wieder mit dem Reiten anzufangen.«

Der Schwiegervater hatte ihre Bemerkung

gehört. »Pferde auf unserem Hof? Kommt gar nicht in Frage.«

Lotte hatte ihre Idee eigentlich gar nicht besonders ernst gemeint, aber nun wollte sie wissen: »Wieso denn nicht? Auf einem Bauernhof kann es doch kein Problem sein, ein paar Pferde zu halten?«

»Kein Problem? Das kann auch nur jemand behaupten, der keine Ahnung hat: Ein extra Stall, extra Weiden, beim Futter muss man besonders aufpassen, weil sie so empfindlich sind, diese Viecher, krank sind sie womöglich, so dass man den Tierarzt braucht, der dann einen Haufen Geld kostet, Sattel, Zaumzeug – also nein, so unnütze Fresser, die nur Geld kosten, kommen mir nicht auf den Hof.« Sprach es und marschierte festen Schrittes davon.

Toni lächelte hinter ihm her. »Er hat nix übrig für Pferde«, erklärte er Lotte leise. »Sie sind ihm zu wenig kontrollierbar, sagt er immer. Ich glaube, er fürchtet sie. Er geht rückwärts, sobald auch nur eines auf der Straße vorbeikommt.«

»Schade, ich bin früher gern geritten. Und seitdem ich hier öfters die Gruppen vom Summererhof vorbeireiten sehe – ich glaube, es würde mir wieder Spaß machen.

Toni schüttelte den Kopf. »Schlag dir das lieber aus dem Kopf, mit Pferden wäre der Babb nie einverstanden.«

»Wäre auch zu schön gewesen!«, murmelte Lotte. »Dann eben nicht. Es dauert auch noch eine ganze Weile, bis sich Ursula vielleicht einmal für Pferde interessiert«, gab Lotte zu und trauerte ihrer spontanen Idee nur verhalten hinterher. Wie hätte sie Zeit fürs Reiten und ein Pferd aufbringen sollen, wo der ganz gewöhnliche Alltag bereits stressig genug war? Der Tag schien nie lange genug zu dauern, um allen Aufgaben nachkommen zu können.

Im Moment war der herbstliche große Hausputz angesagt und Lotte jede Minute des Tages beschäftigt: Fenster putzen, Rahmen nachstreichen, Schränke abstauben, Vorhänge waschen, Betten entstauben, alle Zimmer gründlich reinigen, ebenso die Fenster und Türen in den Stall- und Nebengebäuden, einige Wände kalken, das Holzlager umschichten, kehren, den Garten umgraben – es nahm kein Ende. Unermüdlich geschäftig und strotzend vor Energie und Hektik rannte die Schwiegermutter hin und her, kaum war eine Arbeit getan, fiel ihr die nächste ein, und Lotte hatte stets das Gefühl, zu wenig zu leisten: Einige Spinnweben im Holzlager hätte sie übersehen, der breite Weg im Gemüsegarten gehöre ebenfalls umgegraben, nicht nur die Beete und die Brennesseln in der Ecke müssten samt den Wurzeln ausgegraben werden und … und … und.

»Und die Kühe, diese dummen Viecher, haben sich auch noch gegen mich verschworen«, schimpfte Lotte, dem Heulen nahe, als sie an diesem Dienstagvormittag humpelnd bei ihrer Mutter eintraf. Allen finsteren Blicken und ironischen Bemerkungen zum Trotz beharrte sie auf ihren Dienstagsbesuchen bei der Mutter.

»Lotte, Kind, was hast du denn? Mein Gott, was ist denn mit deinem Fuß?« Die Mutter nahm Ursula auf den Arm, wiegte sie beruhigend und nötigte gleichzeitig ihre Tochter in einen Sessel.

Lotte zog ächzend ihren weitesten, nicht zugeknoteten Sportschuh vom linken, eingebundenen Fuß. »Da, schau, Mutti, total aufgeschwollen, blau wird er auch schon und verdammt weh tut er.«

»Was ist denn bloß passiert?«

»Eine Kuh ist mir heute morgen voll auf den Fuß getrampelt.«

Die Mutter bückte sich, befühlte die verletzte Stelle. »Warst du beim Arzt?«

»Nein, natürlich nicht. Wann denn? So was passiert schon mal und ein blauer Fleck heilt von ganz allein wieder, hat die Schwiegermutter dazu gesagt.«

»Hör mir auf mit der! Hast du starke Schmerzen?«

»Es tut bestialisch weh!«, bestätigte Lotte.

»Dann geh ich jetzt mit dir zum Arzt. Ich ruf gleich an. Er soll eine Röntgenaufnahme machen, ob was gebrochen ist. Das ist doch kein Zustand so!«

Lotte war mit allem einverstanden. Sie ließ sich zum Arzt bringen, wo festgestellt wurde, dass sie schlimme Quetschungen erlitten hatte, aber nichts gebrochen war. Für den Rest des Tages ließ sie sich von der Mutter verwöhnen: Der Fuß wurde mit feuchten Umschlägen behandelt, Ursula versorgt und herumgetragen, Lotte wurden allerlei Lieblingsgerichte vorgesetzt.

Am Nachmittag kam eine Kollegin, Hildi, aus dem Zahnlabor vorbei – Überstunden abfeiern –, erzählte dies und das aus dem Betrieb, von Problemen und gemeinsamen Bekannten und besonders von ihrer neuen Kollegin Marina, die, nachdem ihr kleiner Sohn nun drei Jahre alt war, wieder arbeitete und solche Schwierigkeiten mit ihrer Tagesmutter hatte, dass sie überlegte, den Job wieder aufzugeben oder zumindest weniger zu arbeiten.

»Dann seid ihr sicher zu wenige im Betrieb, oder?«

»Sind wir doch sowieso. Was meinst du, warum ich heute Überstunden abfeiern kann? Marina hat ständig Probleme mit ihrer Tagesmutter, kommt zu spät, weil die nicht aufgetaucht ist, oder geht eher, weil die Tagesmutter früher weg muss. Und wenn sie da ist, ruft sie oft zu Hause an, ob auch alles in Ordnung ist. Ich schätze, sie wird bald auf Teilzeit zurückgehen, weil sie es einfach so nicht schafft.«

»Die Arme!«, murmelte Lotte. »Wenn sie aber auf Teilzeit geht, dann braucht ihr jemand anderen dazu, oder?«

»Ich hoffe jedenfalls, unser Chef sieht das ein!«, seufzte die Kollegin theatralisch.

»Ach Gott, wenn ich doch wieder bei uns«, sie verbesserte sich, »bei euch im Labor arbeiten könnte!«

»Das wär was. Du gehst uns ab, Lotte. Wir waren so ein lustiger Haufen. Marina – die denkt den ganzen Tag nur daran, ob auch bei ihr zu Hause alles klar geht!«

Lotte dachte zurück an die Arbeit, und sie kam ihr vor wie das sprichwörtliche verlorene Paradies. »Ach, waren das herrliche Zeiten. Bringt die Frau vom Chef immer noch jeden Freitag einen Kuchen? Und trinkt der Ernst immer noch seine Gesundheitstees, die so entsetzlich stinken? Und unser Chef ist bestimmt noch genauso nett wie früher und lobt einen sogar, wenn man eine knifflige Arbeit gut hingekriegt hat. Ach ja, das waren Zeiten! Hildi, du weißt gar nicht, wie gut du es hast!«

»Was, du hast Sehnsucht nach der Arbeit? Mein Gott, Lotte, das könnte mir aber nicht passieren, wenn ich dafür so ein süßes kleines Baby hätte wie deine Ursula«, entrüstete sich Hildi, deren Beziehungen zum anderen Geschlecht bislang nie von Dauer gewesen waren.

Wohl versorgt mit Streicheleinheiten und Klatsch fuhr Lotte zurück auf den Hof. Sie zwängte ihren dick eingebundenen Fuß in einen Gummistiefel von Toni und versuchte die Stallarbeit wie gewohnt zu erledigen. Nur weil es humpelnd entsprechend länger dauerte, nahm ihr der Schwiegervater einige Kühe beim Melken ab. Auf die Idee, dass sie ihres gequetschten Fußes wegen etwa die Arbeit nicht tun könnte, kam niemand. Die Tiere, der Hof überhaupt, gingen, wie Lotte inzwischen sehr wohl wusste, immer vor.

Die Menschen selber und ihre Bedürfnisse, so

hatte Lotte inzwischen gelernt, kamen auf einem Bauernhof unter »ferner liefen«. Jammern würde ihr nur Verachtung einbringen, also jammerte Lotte nicht. Sie ertrug die Schmerzen und wurde innerlich immer wütender und unglücklicher angesichts der Lebenssituation, in der sie steckte.

Das Herumlaufen tat ihrem Fuß nicht gut und das Schleppen der schweren Kübel zum Kälber Füttern noch weniger. Sie nahm sich trotzdem die Zeit, die wolligen Köpfe zu streicheln. Ungestüm drängten die nach ihrem Trank. Mit Ausnahme der beiden jüngsten, fiel Lotte auf. Die wollten gar nicht recht trinken, wirkten sehr ruhig, fast apathisch und nicht einmal das Streicheln ließ sie lebendiger werden. Irgendwie sahen sie tatsächlich krank aus, fand Lotte. Sie musterte alle Kälber, verglich und war sicher, irgend etwas stimmte da nicht. Sie bemerkte auch den eher flüssigen Mist auf der Strohstreu.

Verunsichert holte sie den Schwiegervater. Er untersuchte die Kälber, machte ein bedenkliches Gesicht. »Der Durchfall ist noch nicht schlimm, aber damit ist bei Kälbern nicht zu spaßen. Da muss gleich der Tierarzt her!«, bestimmte er und die Schwiegermutter telefonierte nach ihm. Sie brachte zusätzliches Stroh und alte Decken, damit es die Kälbchen warm hatten.

Selbst nachdem der Tierarzt da gewesen war und die Kälber behandelt hatte, beherrschte eine Mischung aus Aufregung und gedrückter Stimmung den Abendbrottisch. »Mindestens seit vier, fünf Jahren haben wir kein einziges krankes Kalb mehr gehabt«, rechnete die Schwiegermutter nach. »Hoffentlich stecken sich nicht noch welche an!«

»Ist es denn so schlimm, wenn ein Kalb Durchfall bekommt?«, fragte Lotte.

»Und ob das schlimm ist! Vor Jahren sind uns mal drei auf einmal eingegangen.« Und sie erzählten sich, wie damals bald die Hälfte der Kälber die Gripp' bekommen hatte, wie man sie mit allerlei Hausmitteln wie Kamillentee und warmen Decken behandelt hatte. Und trotzdem waren drei gestorben. Die Beschreibung des Krankheitsverlaufes der armen Tiere ging Lotte derart ans Gemüt, dass sie richtig froh war, als Ursula lauthals zu brüllen begann. Sie begab sich mit ihrer kleinen Tochter ins eigene Zimmer, versorgte sie und drehte das Radio an. Leise, ruhige Musik beruhigte manchmal auch Ursula.

Bald kam Toni nach. Ihm machten zu Lottes Bestürzung die kranken Kälbchen nicht so viel Kopfzerbrechen. »Tiere werden eben auch krank. Und manchmal gehen sie dabei ein, damit muss man leben auf einem Bauernhof.«

Lotte verzog das Gesicht. »Sie tun mir so Leid, die armen Kälbchen!« Erschreckt fiel ihr Blick auf Ursula. »Kann man sich an denen anstecken?«

Toni beruhigte sie. »Nein, nein, davon hab ich noch nie gehört.« Er wiegte seine kleine Tochter, bis sie eingeschlafen war, und machte dann Lotte kalte Umschläge auf ihren schwarz und blau angelaufenen Fuß. »Du solltest ihn schonen«, sagt er.

»Oh, schonen!« Lotte grinste spöttisch. »Jetzt musst du mir nur noch erklären, wie das gehen soll. Deine Eltern würden ganz schön dumm schauen, wenn ich zum Beispiel nicht mehr in den Stall gehen wollte.«

»Ich rede mit ihnen. Es muss zumindest nicht sein, dass du beim Melken mithilfst. Das haben sie vorher auch allein geschafft. Wenn sie unbedingt Hilfe dabei haben wollen, mache ich es. Allerdings …« Er brach ab.

»Was allerdings?«, wollte Lotte, mißtrauisch geworden, wissen.

Toni räusperte sich. »Ja, weißt du, es ist so: Eigentlich wäre mit dem Ende dieser Woche mein Kiesfahrerjob erledigt, nicht? Aber, also …«

»Jetzt rede endlich, was also?«

»Ja, der Graf hat mir angeboten, ich könnte weiter in der Kiesgrube arbeiten, bis es eben friert und nicht mehr geht.«

Lotte war entsetzt. »Was? Dann bist ja ewig nicht da auf dem Hof?!«

»Schon. Aber das Geld könnten wir gut gebrauchen, und auf dem Hof ist jetzt nicht so viel Arbeit, der Vater, glaube ich, würde mich weiterhin weglassen …«

Lotte schloss entnervt die Augen, war hörbar gar nicht begeistert. »Mein Gott! Und ich war so erleichtert bei dem Gedanken, dass du ab nächster Woche wieder daheim bist.«

»Ach Lotte, bald ist Winter, dann ist es eh vorbei mit der Kiesarbeit. Das dauert gar nicht mehr lange«, versuchte er sie zu besänftigen. »Denk an das Geld, das ich dabei verdiene.«

Lotte schlug auf die Kissen und schrie: »Es ist immer das Gleiche: Jede Menge Arbeit und Probleme und Geldsorgen, und wenn du nicht da bist, kann ich deinen Eltern, besonders deiner Mutter, schon gar nichts recht machen. Es ist schrecklich, wenn du weg bist!«

Er sah sie groß an. »Aber es war doch nichts Besonderes los in letzter Zeit, oder? Im großen und ganzen klappt es doch? Sogar mit dem Melken?«

Lotte schüttelte hilflos den Kopf. Wie sollte sie ihm erklären, wie unbehaglich sie sich oft fühlte? Wie oft unausgesprochene Vorbehalte und Vorwürfe förmlich in der Luft hingen, weil sie offensichtlich die wenigsten Arbeiten so verrichten konnte, wie es die Schwiegereltern für gut und richtig befanden?

»Toni? Deine Eltern sind ziemlich jung und gesund, nicht? Muss ich da unbedingt Bauernarbeit tun?«

»Unbedingt nicht, aber meinst du nicht, es wäre langweilig, nur im Haushalt zu arbeiten?«

»Das meine ich nicht. Ich dachte, vielleicht könnte ich wieder meinen Beruf ausüben? Etwas tun, was ich wirklich gut kann!«

»Aber Lotte! Wir waren uns darüber einig, dass du, bis die Kleine mindestens drei Jahre alt ist, zu Hause bleibst. Wer sollte die Ursula versorgen, wenn du in der Stadt arbeiten willst? Meine Mam etwa?«

»Nein, um Gottes Willen, das möchte ich gar nicht. Sie hätte auch nicht die Zeit dazu und die Oma ist zu alt, das weiß ich alles. Aber wie wäre es mit dir?«

»Ich???«

»Ja, warum nicht? Ich arbeite, und du bleibst auf dem Hof. Im Zeitalter der Hausmänner ...«

»Also nein, das geht nicht. Ich muss in den Stall, auf die Felder hinaus, in den Wald, also nein, unmöglich, Lotte. Noch dazu, wenn ich für den Maschinenring oder den Grafen arbeite.«

»Aber Toni, das müsstest du nicht. Ich würde doch regelmäßig verdienen!«

Er überlegte kaum und schüttelte dann den Kopf. »Also nein, wirklich Lotte, das geht nicht. Es ist viel besser, du arbeitest auf dem Hof mit, das lässt sich viel besser mit der Kindererziehung verbinden. Dann bist du den ganzen Tag daheim, das ist wichtig für ein kleines Kind, das musst du doch einsehen!«

Lotte war enttäuscht. Aber vielleicht stellte sie es sich wirklich zu leicht vor, berufstätig zu sein, Hausfrau und Mutter und zudem auf einem Bauernhof zu leben.

Wie schon einige Male vorher beruhigte Toni sich selber und Lotte erneut mit der Versicherung: »Du musst dich eben erst bei uns eingewöhnen, Lotte. Das dauert, aber du schaffst das, wirst sehen!«

Lotte konnte es sich nicht mehr vorstellen. Wollte sie es überhaupt noch? Sie horchte auf den leise vor sich hin tropfenden Regen. Regenwetter, dunkel, trüb, nass, kalt. Genauso kam Lotte ihre Zukunft vor: trüb und lichtlos und kalt. Gäbe es nicht die kleine Ursula, es wäre nicht auszuhalten, dachte sie bedrückt.

Dass es den beiden Kälbern am nächsten Tag schlechter ging, verstärkte Lottes deprimierte Stimmung und die angespannte Atmosphäre in der Familie. Alle waren nervös, immer wieder sah jemand nach den kranken Tieren, versuchte sie möglichst warm zu halten oder zu füttern.

»Es ist nicht auszuhalten«, stellte Lotte entsetzt fest. »Jedesmal, wenn man sie anschaut, sind sie noch dünner geworden!« Die Oma tätschelte Lottes Arm. »Dann geh nicht mehr in den Stall, Lotte. Du bist das nicht gewöhnt. Aber mit solchen Vorkommnissen, so schwer es ist, muss man leben können auf einem Bauernhof«, erklärte sie ernst und ruhig.

In ihrer Nervosität ließ Lotte beim Spülen prompt eine Porzellanschüssel fallen, sie zersprang in tausend Scherben.

»Jessas, nein, meine schöne Schüssel! Ein Hochzeitsgeschenk noch dazu«, schrie die Schwiegermutter auf. »Herrschaftseiten, auf so ein Stück muss man doch aufpassen!«

Lotte zitterten die Hände. Es war ihr unglaublich peinlich. Sie entschuldigte sich vielmals, versicherte mit bleichem Gesicht wiederholt, wie Leid es ihr täte, und versprach die gleiche oder zumindest eine ähnliche Schüssel zu besorgen. Aber das besänftigte die Schwiegermutter keineswegs. Sie jammerte weiter ihrer Schüssel hinterher, dem wunderschönen Hochzeitsgeschenk ihrer verstorbenen Großtante, einem ganz und gar unersetzlichen Stück.

Lotte war sich selber gram, machte sich selber die größten Vorwürfe und verkroch sich buchstäblich im Schlafzimmer bis zur Stallarbeit.

Den Kälbern ging es nicht besser.

Lotte schlief schlecht. Immer hatte sie ihre dünnen, eingefallenen Körper vor Augen. Auch die kleine Ursula weinte viel in dieser Nacht und Lotte wanderte stundenlang mit ihr auf dem Arm hin und her.

Am nächsten Morgen stellte der Schwiegervater als erstes fest: »Ich glaube, dem einen Kalb, dem Roten, geht's besser.« Sie fütterten es. Es trank mit gelindem Appetit, war etwas lebendiger im Verhalten. Alle standen drum herum, beobachteten es und atmeten auf. »Das wird wieder!«, meinte auch die Schwiegermutter, und die Hoffnung ließ die Welt gleich heller erscheinen, obwohl das Wetter noch immer regnerisch und trüb war.

»Und das andere Kalb?«, fragte Lotte. »Das wird hoffentlich auch wieder gesund?«

Der Schwiegervater zuckte die Schultern. »Könnte sein …«

Aber dem war nicht so. Als Lotte am frühen Nachmittag an seine Box kam, lag es leblos im Stroh. Lotte wollte es nicht glauben. Sie erschrak fürchterlich, rannte los und holte den Schwiegervater.

»Nix mehr zu machen!« Relativ ungerührt rief er seine Frau, sie solle die Tierkörperverwertung anrufen, damit es abgeholt würde.

Lotte konnte das tote, abgemagerte Tierchen nicht ansehen. Es war schrecklich, sich daran zu erinnern, wie aufgeweckt es noch vor wenigen Tagen herumgesprungen war, wie es an ihren Fingern geschleckt hatte.

Abends in der Wohnküche sprach die Familie erneut über die Krankheitsgeschichte des Kalbes. Was man noch hätte tun können, ob dies und das vielleicht geholfen hätte?

»Nein«, schüttelte die Oma den Kopf, »manchmal hilft halt alles nix. Wir müssen froh sein, dass es nur eines erwischt hat, gründlich sauber machen und desinfizieren, dass nicht noch mal was passiert.«

»Na ja«, fiel der Schwiegermutter sinnend ein, »es wär vielleicht nicht so schlecht ausgegangen, wenn man rechtzeitig gemerkt hätte, dass es krank ist, das Kalberl!« Und dabei sah sie Lotte an.

Lotte schrak auf, machte große Augen. »Aber ich hab es euch doch sofort gesagt, als es nicht mehr trinken wollte!«, verteidigte sie sich.

Die Schwiegermutter wiegte den Kopf hin und her. »Da war es halt bereits zu spät. Das muss man eher merken, wenn etwas nicht stimmt mit den Kälbern.«

Lotte blieb erst einmal die Luft weg, dann wollte sie verzweifelt wissen: »Was willst du damit sagen? Bin ich jetzt daran schuld, dass das Kalb eingegangen ist?«

Die Schwiegermutter ließ sich Zeit mit ihrer Antwort. »Wer weiß …«, antwortete sie dann unbestimmt. »Du bist halt keine Bäuerin, hast keine Ahnung von Ackerbau und Viehzucht«, stellte sie abschließend fest.

Lotte entscheidet sich

Lotte starrte sie eine kurze Weile unverwandt an, hörte gar nicht hin, als die Oma begütigend meinte, so hart dürfe man Lotte nicht beurteilen, sie gäbe sich ja große Mühe.

Lotte atmete tief durch, sprach dann ruhig und leise: »Du hast ganz recht, Schwiegermutter, ich bin eben keine Bäuerin.« Damit nahm sie die kleine Ursula aus dem Stubenwagen, drehte sich um und verließ die Wohnküche.

»Lotte, wo willst du denn hin? Das Abendessen ist gleich fertig«, rief ihr die Oma nach. Aber Lotte kümmerte sich nicht darum, ging weiter die Treppe hinauf. Sie bemerkte nicht einmal, dass Toni eben von seiner Arbeit heimkam, ihr erstaunt nachsah und die Oma, angesichts des angespannten Schweigens in der Wohnküche, fragte: »Was ist denn los?«

Wenige Minuten später stürzte er in das gemeinsame Schlafzimmer und fand Lotte, wie sie allerlei Babywäsche in eine große Tasche stopfte. Ein Koffer stand offen auf dem Bett, Schranktüren waren weit geöffnet.

»Was machst du denn da?«

»Packen. Sieht man das nicht?« Lotte machte ruhig weiter.

»Aber Lotte, was soll das denn bedeuten?«

Lotte blieb für einen Moment vor ihm stehen, einen Stapel Strampelanzüge in Händen. »Es bedeutet, Toni, dass ich hier ausziehe, ich geh zurück zu Mutti.«

»Aber ... das kannst du doch nicht machen. Wir sind verheiratet, wir zwei gehören zusammen!«

»Ja. Daran hat sich auch nichts geändert. Aber, Toni, ich kann hier in diesem Haus nicht mehr leben. Ich kann nicht mehr atmen, ich ersticke, wenn ich mir weiterhin täglich vorhalten lassen muss, was ich alles nicht kann oder verkehrt mache. Das ist kein Leben mehr. Ich muss weg. Du kannst ja mitkommen. Du kommst doch mit?«

Er schüttelte langsam den Kopf. »Das ist doch Blödsinn. Ich gehöre hierher und du auch.« Er ergriff ihr Hände, hielt sie fest. »Du kannst nicht einfach abhauen! Sei nicht so empfindlich, meine Eltern meinen es gut, und dir gefällt es auf dem Land, das hast du selber oft genug gesagt.«

Lotte entzog ihm ihre Hände. »Es gefällt mir auf dem Land, aber nicht hier in diesem Haus.« Sie sah ihn traurig an. »Toni, ich kann einfach nicht mehr. Ich glaube auch nicht mehr, dass es deine Eltern so besonders gut mit mir meinen. Mach dir nicht selber etwas vor. Ich bin alles andere als eine Wunschschwiegertochter für sie. Es ist besser, wenn ich geh, für mich und für sie. Dann ist niemand mehr da, der ständig Fehler macht und am Ende noch daran Schuld hat, dass Kälber eingehen.« Lotte traten Tränen in die Augen. Sie fuhr sich energisch über die Lider und holte den nächsten Wäschestapel aus dem Schrank.

Toni machte einen großen Schritt und schloss sie in die Arme. »Lotte, niemand ist dran schuld, dass dieses Kalb eingegangen ist!«

»Deine Mutter sieht das anders«, brachte Lotte mit enger Kehle heraus.

»Nein, Lotte, das ist ein Missverständnis, glaube mir. Komm jetzt, beruhige dich. Ich helfe dir, wir tun das Zeug wieder in den Schrank und …«

»Nein!«, schrie Lotte entschieden, trat einen Schritt zurück und machte sich frei. »Nein! Ich packe und ich bleibe nicht hier. Ich hoffe, du kommst mit mir. Mutti nimmt uns sicher auf.«

Er schüttelte den Kopf, schaute sie verzweifelt an. »Ich kann nicht. Ich gehöre hierher. Lotte, du bleibst da!«, forderte er. »Es renkt sich alles wieder ein, du wirst sehen …«

»Nein, ich kann nicht mehr«, wiederholte Lotte leise.

»Lotte, wie stellst du dir das vor, bei deiner Mutter und … mit dem Geld?«

»Ich gehe eben wieder arbeiten, zumindest halbtags.«

»Und Ursula? Wer passt auf Ursula auf? Hier hast du die Oma, aber in der Stadt …?«

»Das wird sich finden. Mutti hilft mir sicher, außerdem gibt es da eine Kollegin in ähnlicher Situation. Vielleicht können wir uns gegenseitig helfen.«

Er fixierte seine Frau mit hängenden Schultern. »Das klingt, als hättest du dir das alles schon sehr gut überlegt?!«

»Ja«, gab sie zu. »Ich habe in letzter Zeit oft davon geträumt, wie ich Ursula und meinen erlernten Beruf unter einen Hut bringen könnte.«

»Und mich verlassen?«

»Nein. Oh nein, Toni, ich will dich nicht verlassen.« Sie kam zu ihm, umarmte ihn. »Ich möchte, dass wir zusammenbleiben. Aber ich kann nicht hier leben, nicht um alles in der Welt. Es macht mich kaputt. Bitte, Toni, komm einfach mit. Wir suchen eine Wohnung für uns drei in der Stadt. Du arbeitest im Kieswerk oder meinetwegen sogar hier auf dem Hof, aber bitte, lass uns ein eigenes Zuhause schaffen!«

Toni presste sie an sich, antwortete leise: »Das kann ich meinen Eltern doch nicht antun. Ein Bauer gehört auf seinen Hof.«

Ärgerlich warf sie ihm an den Kopf: »Du bist doch gar nicht der Bauer auf dem Hof. Mach dir nichts vor. Du bist ein Laufbursche, der ausgenutzt und nicht einmal ordentlich bezahlt wird. Was das Finanzielle und die Freizeit betrifft, würde es uns mit einer Mietwohnung in der Stadt, und wenn wir beiden einen Job hätten, bei weitem besser gehen als hier in dieser absoluten Abhängigkeit von deinen Eltern. Siehst du das nicht?«

Er schaute sie traurig an, schüttelte den Kopf. »Nein. Ich sehe das anders.«

»Also, du bleibst?«

»Ja.«

»Ich gehe, noch heute. Fährst du mich in Muttis Wohnung?«

»Nein! Nein, ich denke nicht daran. Du überlegst es dir noch einmal, Lotte, und dann sehen wir weiter.«

Lotte schüttelte ganz langsam den Kopf hin und her.

Toni nahm den Autoschlüssel vom Haken an der Tür. »Du musst bleiben. Davonlaufen, das kannst du mir einfach nicht antun!«

Er ging.

Lotte dachte zuerst, er wäre in die Wohnküche zum Abendessen, aber dann schlug die Haustür laut und vernehmlich zu, und Sekunden darauf fuhr sein Auto vom Hof.

Lotte nickte vor sich hin und machte sich wieder ans Packen. Als sie die wichtigsten Sachen beieinander hatte, lief sie nach unten in den Hausflur ans Telefon, wählte das Gasthaus, in dem ihre Mutter bediente, und fragte nach ihr. Sie kam an den Apparat. »Mutti?«

»Ja? Lotte? ... Ist was passiert?«

»Mutti, kannst du mich abholen und in unsere Wohnung bringen? Und Ursula natürlich und unser Gepäck?«

Nach einigen Sekunden Stille im Hörer antwortete die Mutter knapp: »Ich komme. Ich sag' den Kolleginnen und dem Chef Bescheid und fahre los.«

»Danke, Mutti.«

»Bis gleich.«

Eine halbe Stunde späte erspähte Lotte das Auto ihrer Mutter auf der Zufahrtsstraße. Sie legte einen Brief an Toni auf sein Kopfkissen, nahm so viel Gepäck, wie sie tragen konnte, und schaffte es hinunter in den Hausgang, öffnete die Haustüre. Aus der Wohnküche drang volkstümliche Musik und das begeisterte Klatschen einer großen Zuschauermenge – eine Volksmusiksendung im Fernsehen.

Die Mutter hatte ihren Mantel über das schwarze Kellnerinnenkleid und die Schürze gezogen. Sie strich Lotte wortlos über den Arm und sperrte den Kofferraum auf, lud die Gepäckstücke ein. Zuletzt verstauten sie den Wickeltisch und den Kinderwagen. Lotte schlüpfte in den Mantel, der an der Garderobe hing. Mit Ursula auf dem Arm klinkte sie energisch durchatmend die Tür zur Wohnküche auf. Oma und Opa und die Schwiegereltern saßen vor dem Bildschirm, achteten gar nicht auf Lotte.

Lotte räusperte sich, sprach laut: »Ich möchte mich von euch verabschieden!« und wartete.

Zuerst sah der Schwiegervater zu ihr hin, dann die Oma und die Schwiegermutter. »Was willst?«, fragte sie erstaunt.

»Mich verabschieden. Ich ziehe hier aus.«

Die Schwiegermutter begriff als erste. »Du willst gehen?«

»Ja.«

»Weiß das der Toni?«

»Ja, er weiß Bescheid. Ich werde wieder bei meiner Mutter wohnen.«

»Aber Lotte!« Oma war echt bestürzt, stand auf, rüttelte Opa wach, der schlafend im Fernsehsessel lag. »Aber Lotte, das geht doch nicht. Und die kleine Ursula …«

»Auf Wiedersehen, Oma. Besuche uns mal in der Stadt, wenn du magst. Auf Wiedersehen alle miteinander!« Sie nickte ihnen ernst zu, drehte sich um und ging.

Oma lief hinter ihr her, wiederholte: »Aber Lotte, das geht doch nicht!«

»Es muss gehen, Oma. Ich kann nicht hierbleiben, Oma, tut mir Leid. Verstehst du mich ein bisschen?«

Die alte Frau hob hilflos die Achseln, antwortete leise, betrübt: »Na ja, irgendwie. Überleg' es dir noch mal. Vielleicht kommst du wieder?«

Lotte schüttelte traurig den Kopf. »Das glaube ich nicht. Danke für alles, Oma. Du warst immer nett zu mir.«

Lotte drückte ihr die Hand, stieg ins Auto, dessen Motor schon lief. Es fuhr im selben Moment ab.

Die Oma schaute ihm nach, bis es um die Kurve verschwand, ging danach langsam zurück in die Wohnküche. Die Schwiegereltern standen am Fenster.

»Sie ist wirklich weg, mit dem Kind!«, sagte Oma und konnte es nicht fassen.

Eine Weile gab niemand eine Antwort. Dann

bemerkte Lottes Schwiegermutter grimmig: »Wird das ein Gerede geben im Dorf. Nix wie genieren muss man sich wegen ihr.«

Von der ersten Minute an hatte Lotte das Gefühl, endlich wieder daheim zu sein, wieder Ruhe und Frieden zu finden. Sie wäre vollkommen glücklich gewesen, wäre nur Toni nachgekommen. Sie wartete vom ersten Abend an auf ihn, und als er nicht kam, dachte sie, kein Wunder, er wird sehr spät heimgekommen sein, packen muss er auch noch, aber bis morgen ist er bestimmt da.

Aber auch am zweiten und dritten Abend ließ er nichts von sich hören.

Bereits am dritten Tag ihres Wiedereinzugs in die Wohnung der Mutter, nachdem sie beide eine Vielzahl praktischer Probleme durchgesprochen hatten, packte Lotte Ursula in den Kinderwagen und marschierte zu ihrem ehemaligen Chef.

Eine gute Stunde später besuchte sie entspannt lächelnd ihre Mutter im Gasthaus. »Mutti, ich hab den Job! Der Chef stellt mich wieder ein, jeden Vormittag vier Stunden.« Sie drückte Ursula an sich, drehte sich lachend mit ihr im Kreis herum. »Was sagst du dazu, Mutti?«

Sie nickte lächelnd. »Sehr gut. Zusammen schaffen wir das. Ich nehme unser Urselchen am Vormittag und du bist am Nachmittag für sie da.« Liebevoll nahm sie ihre Enkelin auf den Arm. »Wir drei Weiber schaffen alles« – auch wenn der Toni sich nicht blicken lässt – fügte sie, aber nur in

Gedanken, hinzu. Sie wusste, wie tief enttäuscht Lotte über Tonis Verhalten war, und war selber wütend, weil er so gar nichts von sich hören ließ.

Toni trifft seine Entscheidung

Als Toni an jenem Abend oder richtiger spät in der Nacht in das Schlafzimmer kam und feststellen musste, dass Lotte samt seiner Tochter tatsächlich ausgezogen war, konnte er es einfach nicht glauben. Wie konnte sie ihm das antun? Er war bitter enttäuscht und auch die liebevollen Zeilen mit der Aufforderung, bald nachzukommen, halfen ihm über seinen Schmerz nicht hinweg. Begriff Lotte denn gar nicht, dass er seiner Familie und dem Hof verpflichtet war? Er nährte seinen Groll gegen Lotte und besuchte sie nicht einmal, überzeugt, sie damit zu zwingen, von selber wieder auf den Hof zurückzukommen.

Seiner Familie gegenüber äußerte er kein Wort über die Angelegenheit. Auf eine flapsige Bemerkung Roberts hin, wie ihm denn das Strohwitwerdasein gefalle, reagierte er derartig heftig, dass selbst der Bruder nichts mehr dazu zu sagen wagte. Vorsichtig forschende Anfragen von Oma, wie es denn jetzt weitergehen solle und ihre Seufzer, wie sehr ihr die kleine Ursula abginge, überhörte er tunlichst. Die Oma aber gab so schnell nicht auf. Sie fragte schließlich ganz direkt: »Wie geht's ihnen denn jetzt, der Lotte und der Ursula?«

Toni schrie unwirsch: »Woher soll ich das wissen?« Er drehte der Oma den Rücken zu.

»Aber Bub, du wirst doch zu ihr gehen. Denk an die Ursula, das ist dein Kind!« Die Oma packte ihn am Arm.

Er drehe sich um, verbarg sein verzerrtes Gesicht nicht mehr. »Wie hat sie mir das antun können, einfach abhauen?«, fragte er gequält.

Traurig antwortete ihm seine Oma: »Auf einen Bauernhof einheiraten, das ist halt eine harte Sach'. War früher so und ist heute nicht anders. War nicht leicht für die Lotte, wo sie weder die Bauernarbeit noch eine Großfamilie gewöhnt war. Das musst du verstehen. Und außerdem, du magst sie doch immer noch, die Lotte, oder?«

»Ja, natürlich. Aber ich weiß nicht, wie es weitergehen soll. Ich kann mich doch nicht in zwei Teile zerreißen, oder? Für den Hof da sein und in der Stadt mit der Lotte leben?«

Auch die Oma war ratlos. »Jedenfalls: Kümmere dich um deine Frau und dein Kind, das gehört sich so!«

Toni dachte einen weiteren langen Tag darüber nach, während er Kies baggerte. Bis zum Abend hatte er sich entschieden, zu Lotte in die Stadt zu fahren, mit ihr vernünftig zu reden. Vielleicht, hoffte er, gelänge es ihm, sie zur Rückkehr auf den Hof zu überreden.

Er beeilte sich beim Abendessen, duschte, tauschte seine Arbeitskluft gegen feschere Kleidung.

»Wo willst du denn heute noch hin?«, fragte ihn die Mutter, als er an der Küchentür vorbei eilte.

»In die Stadt«, erwiderte er und blieb kaum stehen.

»So? Nachlaufen willst du ihr auch noch, wo sie uns derart hat sitzen lassen und uns ins Gerede gebracht hat. Die Babette hat am ersten Tag bereits gemerkt, dass was nicht stimmt, und ganz komisch drum rum gefragt. Inzwischen hat sie aus der Oma herausgekriegt, dass sie dir davongelaufen ist und es überall ausposaunt. Und wir können das Gespött von den Leuten aushalten.«

Toni sah seine Mutter ernst an. »Mam, die Lotte ist nicht mir davongelaufen, sondern vom Hof. Das ist was ganz anderes!«

»Vom Hof! Kein Wunder, so eine Städterin hat eben von nix eine Ahnung, eine jede Arbeit ist der feinen Dame zu viel.«

»Mam!«, warnte Toni.

»Weil es wahr ist! Du hättest auch gescheiter sein können und dir eine ganz andere Frau suchen sollen, dann hätten wir jetzt nicht diese Bescherung.«

»Mam! Tu nicht, als läge es ganz allein an der Lotte, dass es schief gegangen ist hier auf dem Hof. Vielleicht denkst du auch einmal daran, dass du nicht gerade die alleridealste und liebevollste Schwiegermutter für sie warst.«

Die Mutter richtete sich empört auf. »Also, da hört sich doch alles auf! Jetzt soll wohl ich daran schuld sein, dass sie auf und davon ist, deine Lotte.

Ausgerechnet ich, wo ich mit einer wahren Engelsgeduld versucht hab, ihr wenigstens ein bisschen was über Haushalt, Ackerbau und Viehzucht beizubringen. Von nix hat sie was verstanden, sei froh, dass du sie los bist, statt ihr hinterherzulaufen.«

Toni war total überrascht und gleichzeitig ärgerlich. »Aber Mam, wir sind verheiratet, wir haben ein Kind zusammen …«

Die Mutter unterbrach ihn. »Ihr seid sowieso nur standesamtlich verheiratet. Sei gescheit, lass dich scheiden und such dir dann eine Frau, die auf den Hof passt!«

»Das kann doch nicht dein Ernst sein, Mam!« Toni schüttelte entsetzt den Kopf.

»Und ob das mein Ernst ist, Bub. So wie es jetzt steht, ist es ein wahres Glück, dass ihr nie dazu gekommen seid, in der Kirche zu heiraten, da ist die Scheidung viel einfacher und du kannst nachher …«

Toni fiel seiner Mutter empört ins Wort: »Red lieber nicht weiter, Mam! Und das lass dir gesagt sein: Die Lotte und ich, wir sind ein Ehepaar und wir bleiben eines, für immer und ewig. Mich von ihr scheiden lassen, was für eine abstruse Idee, schlag dir das nur gleich aus dem Kopf!«

Er rannte in den Hof hinaus, stieg ins Auto, fuhr mit einem wahren Kavaliersstart, dass der Kies hoch aufspritzte, davon. Seine Empörung war ziemlich verraucht, bis er in der Stadt ankam. Stattdessen hatte ihn eine nervöse Unruhe befallen bei der Erkenntnis, dass Lotte allen Grund hatte, sauer zu sein, nachdem er über drei Tage nichts hatte von sich hören lassen. Er drückte auf die Klingel. Nach wenigen Sekunden kam ein fragendes »Ja?« aus der Gegensprechanlage. Er räusperte sich schnell, brachte ein etwas krächzendes »Toni« heraus. Nach einer Sekunde, die ihm wie eine Ewigkeit vorkam, klickte der automatische Türöffner.

Er ging hinein, lief angespannt die Treppen hinauf.

Oben stand Lotte an der weit geöffneten Wohnungstür, Ursula auf dem Arm und strahlend lächelnd. »Toni!«

Er stürzte auf sie zu, umarmte beide.

Alles war gut.

So schien es Toni zumindest, wenn er bei Lotte war. Im Grunde genommen führte er wieder dasselbe Wanderleben wie vor Ursulas Geburt. Vom frühen Morgen bis sehr spät am Abend auf dem Hof oder zeitweise im Kieswerk, nachts in der Stadtwohnung. An den Samstagen gab es stets sehr dringende Arbeiten auf dem Hof zu erledigen: Maschinen abschmieren, einwintern, reparieren, Wände ausbessern, neu verputzen, kalken, kaputte Dachziegel auswechseln, einen tropfenden Wasserhahn abdichten und so weiter. Wann immer Toni meinte, einige zusätzliche Stunden für Lotte und Ursula herausschinden zu können, sprachen Vater und Mutter über dringende, nicht mehr länger aufschiebbare Arbeiten. Einige Male wurde es abends so spät, dass er dann lieber auf dem Hof schlief. Er rief Lotte an, sagte ihr Bescheid. Lotte war traurig, fragte: »Aber morgen Abend kommst du bestimmt, nicht?« Er versprach es, hielt sein Versprechen und verschlief am Morgen, kam erst während der laufenden Stallarbeit auf den Hof.

Beim ersten Mal warfen ihm die Eltern nur vorwurfsvolle Blicke zu, Robert, der verschlafen grinsend für ihn mithalf, drückte ihm gähnend die Futtergabel in die Hand, sagte »Na endlich!« und verdrückte sich eilig.

Beim nächsten Mal bemerkte der Vater spöttisch: »Gibt's in der Stadt keine Wecker?« Und als es ein weiteres Mal passierte, meinte seine Mutter scharf: »Mordsmäßig Sorgen muss man sich auch noch machen mit der blöden Fahrerei bei den schlechten Straßenverhältnissen und bei der Dunkelheit, jetzt wo es Winter wird. Du würdest wirklich besser auf dem Hof bleiben!«

Das Kieswerk hatte beim ersten Frost seinen Betrieb eingestellt. Toni nutzte deshalb die Gelegenheit, einige Nachmittage mit Lotte und Ursula zu verbringen, was seiner Mutter gar nicht passte. »Zweimal am Tag in die Stadt hinein und wieder zurück, das sind Zustände bei uns! Und wenn man ihn bräuchte, ist er trotzdem nicht da«, schimpfte sie und wusste genau, dass Toni es mithören konnte.

Eines Nachmittags, zwei Wochen vor Weihnachten, fingen zwei junge Mastbullen an, miteinander zu raufen. Tonis Vater hörte das Getöse im Jungviehstall, versuchte die Raufbolde mit Stockhieben auseinander zu treiben. Oma tippte Lottes

Nummer ins Telefon, konnte aber niemanden erreichen. Robert war, obwohl immer noch arbeitslos, wie üblich unterwegs. Aber es war sowieso zu spät: Einer der kämpfenden Jungstiere konnte mit einem Bein nicht mehr auftreten, war sichtlich schlimm verletzt.

»Sakradie, da ist nix mehr zu machen!«, stellte Tonis Vater erbittert fest. Wie in solchen Fällen üblich und Vorschrift, wurde der für Notschlachtungen zuständige Freibankmetzger gerufen, um das Tier zu töten und abzutransportieren.

»Herrschaftseiten! Dabei war's so ein schöner Stier und jetzt das Malheur.« Der Verkauf an den Freibankmetzger brachte eine nicht unerhebliche finanzielle Einbuße mit sich, worüber sich Tonis Eltern natürlich ärgerten. Die Stimmung war dementsprechend schlecht, als Toni zur abendlichen Stallarbeit auftauchte. Er spürte, dass etwas in der Luft lag, und fragte: »Ist was passiert?«

»Der Teufel war los heut'!«, erwiderte sein Vater und berichtete von dem Missgeschick, das sie getroffen hatte. »Ich hab die zwei Raufer nicht auseinander gebracht, bis es zu spät war, wie die Irren sind sie aufeinander los.«

»Und du warst natürlich, wie üblich, nicht da!«, klagte ihn die Mutter an. »Eine Schande ist es. Zu zweit hättet ihr die dummen Viecher voneinander trennen können. Aber so, wo der Babb allein war! Jetzt haben wir die Bescherung.«

»Wer denkt auch an so was«, verteidigte sich Toni.

»Ein Bauer gehört auf seinen Hof und nicht halbert in die Stadt und halbert womöglich noch in ein Kieswerk. So geht's einfach nicht weiter. Du bist nie da, wenn man dich braucht«, warf sie ihm vor.

»Ist nicht wahr, ich bin immer da, wenn ihr mich braucht: Zur Stallarbeit morgens und abends und tagsüber auch, wenn Arbeit anfällt. Aber ein Unglück wie das heutige kann ich schließlich nicht im Voraus ahnen«, verteidigte sich Toni ärgerlich. »Ich tu doch wirklich, was ich kann!«

»So?« Seine Mutter ließ ihrem Unmut freien Lauf. »Schau dich bloß an, im feinen G'wand bist den ganzen Nachmittag in der Stadt herumflaniert, über Nacht bist auch nicht da, als wenn da nicht auch einmal was sein könnt, mit den Viechern. So haben wir uns unseren Nachfolger auf dem Hof nicht vorgestellt, dass du es weißt. Ein Kreuz ist es mit dir und deiner Vernarrtheit in deine Frau, und schämen muss man sich vor den Leuten.«

Toni wurde heiß, Wut stieg in ihm hoch. Er fühlte sich reichlich ungerecht behandelt. »Als wenn es an mir läge, dass die Lotte gegangen ist und lieber wieder in ihrem Beruf arbeitet. Ich versuche nichts anderes, als es euch recht zu machen.«

»Auf zwei Hochzeiten kann man nicht tanzen, sagt ein altes Sprichwort«, warf der Vater ein. Die Mutter schloss sich an. »Genau. Und du musst dich entscheiden, ob du ein Bauer sein willst oder nicht, und dich dann daran halten und nicht hin und her tanzen!«

»Mich entscheiden – als bliebe mir etwas anderes übrig, als zu meiner Frau zu stehen und gleichzeitig da zu sein auf dem Hof und euch zu helfen.«

»Bilde dir nur nicht zu viel ein,«, antwortete ihm die Mutter. »Der Robert ist auch noch da, wir sind nicht auf dich allein angewiesen!«

Es war, als hätte eben der Blitz eingeschlagen. Alle erstarrten angesichts dieser Worte. Toni brauchte einige Sekunden, um zu begreifen, was seine Mutter da gesagt hatte. Dann schlugen unglaubliche Enttäuschung und Bitterkeit wie riesige Wogen über ihm zusammen, er hatte Mühe, Luft in seine Lungen zu bekommen. Leise und stockend erklärte er: »Wenn das so ist, dann … dann kann ich ja gehen …«

Als seine Eltern nichts darauf erwiderten, wandte er sich ab und ging ins Haus.

Die Mutter, ein wenig über ihr eigenen Worte erschrocken, rief hinter ihm her: »Toni?«

Die Haustür fiel ins Schloss.

»Der beruhigt sich schon wieder«, meinte Tonis Vater. »Höchste Zeit, dass wir im Stall anfangen. Er zog energisch das große Schiebetor auf und seine Frau kam ihm nach einem letzten verunsicherten Blick auf die Haustüre nach.

Toni war im Hausflur stehen geblieben, überlegte einige Sekunden. Dann tappte er mit schweren Schritten die Treppe hinauf, suchte sich zwei große Schachteln in der Abstellkammer, packte seine Wäsche und Kleidungsstücke hinein, fast wie in Trance, verschnürte sie und schaffte sie in den Flur hinunter.

»Bua, was machst du denn da?«, fragte die Oma erstaunt und ängstlich gleichermaßen.

»Ich geh, Oma.«

»Aber Bua ...« Es klang wie ein Aufschrei, woraufhin der Opa erschien.

»Pfüad dich Gott, Oma. Pfüad dich Gott, Opa. Die Mam hat mir eben klar gemacht, dass sie auf mich sowieso nicht angewiesen sind. Sie haben ja noch den Robert.«

»Aber Bua, so hat sie es sicher nicht gemeint!«

»Doch, Oma, hat sie. Und beim Robert können sie noch hoffen, dass er die richtige Frau heiratet, nicht wahr?«

Die Oma hielt ihn an den Armen fest. »Aber Toni, nein, du darfst nicht weglaufen, das wär ein Fehler.«

Toni schüttelte stur den Kopf. »Es ist das einzig Vernünftige, das mir zu tun übrig bleibt.«

Er verabschiedete sich noch einmal, versprach sie zu besuchen, weil Oma händeringend darauf bestand, lud seine Schachteln ins Auto, setzte sich ans Steuer.

Da rannte die Oma in den Stall. Als Tonis Eltern herauskamen, sahen sie gerade noch sein Auto auf die Straße biegen, dann war er weg.

Mit den zwei großen Schachteln stolperte Toni am späten Nachmittag zur Wohnungstür hinein. Lotte sah erstaunt nach, was los wäre. »Nanu, Toni, hast du keine Stallarbeit?«

Er richtete sich schwer atmend auf. »Nein. Heut' nicht und in Zukunft auch nicht!«

»Oh!« Lotte begann zu begreifen, was die beiden verschnürten Schachteln bedeuten könnten. »Heißt das, du bist zu Hause ausgezogen?«

»Ja … Ich bin weg, für ganz.«

Lotte freute sich unwillkürlich, aber nach einem Blick auf sein ernstes, verschlossenes Gesicht, wagte sie nicht, diese Freude auch zu bekunden. Sie fasste nach seinem Arm und fragte: »Was war denn?«

Er seufzte müde: »Das Übliche.« Nach einer kleinen Pause brach es aus ihm heraus: »Der Robert ist auch noch da. Sie sind nicht auf mich angewiesen, haben sie gesagt. Da bin ich gegangen.«

»Oh, Toni, sei nicht traurig.« Sie nahm ihn ungestüm in die Arme. »Ich brauche dich und die Ursula braucht dich. Wir werden endlich mehr Zeit füreinander haben. Toni, das ist wunderbar. Wir werden es uns schön machen.«

Lotte fühlte, wie er nickte, das Gesicht in ihren Haaren verborgen, sich fest an sie klammernd. Dann hob er das Gesicht, schaute seiner Frau in die Augen, sagte entschieden: »Ja, das werden wir!« Ein sehr kleines, sehr angestrengtes Lächeln verzog seine Lippen.

Und Lotte ahnte, wie schwer es für ihn sein würde, ein neues Leben zu beginnen, ein Leben ohne Bauernhof. Aber, dachte sie frohgemut, zusammen würden sie es schaffen.

Zurück in der Stadt

Es schien tatsächlich, als würden sich all ihre Hoffnungen aufs Wunderbarste erfüllen. Toni bekam auf Anhieb einen Job als Aushilfsfahrer in einer Getränkefirma.

Ihr Leben spielte sich so ein, wie es sich Lotte immer gewünscht hatte: Sie waren öfter zusammen, konnten am Morgen gemeinsam frühstücken, sogar sie beide allein, denn ihre Mutter schlief ja um diese Zeit. Dann musste Toni vor sieben Uhr aus dem Haus, viel später als vorher, als er um fünf Uhr zur Stallarbeit auf den Hof fuhr.

Lotte versorgte in aller Ruhe Ursula, stellte das Frühstück für die Mutter bereit, schob die Kleine leise vor Muttis Schlafzimmer und öffnete es einen Spalt, damit sie ihre Enkelin hören könnte, sollte sie wieder aufwachen und schreien. Lotte arbeitete vier Stunden, kaufte geschwind ein, wenn es notwendig war. Danach folgte ein gemütliches Mittagessen mit Mutti, die anschließend zur Arbeit ging. Lotte hatte am Nachmittag Zeit für Ursula, die Hausarbeit, größere Besorgungen und die Zubereitung eines Abendessens, bis Toni nach Hause kam. Dass dabei ihre kleine Familie meist für sich war, genoss Lotte unbeschreiblich. Endlich nicht mehr pausenlos mit allen möglichen Familienmitgliedern auskommen müssen! Mit ihrer Mutter fiel ihr dies leicht, die zudem in der hektischen Vorweihnachtszeit oft nur einen freien Tag in der Woche nehmen konnte.

Ab und an sprach das junge Ehepaar darüber, sich eine eigne Wohnung zu suchen. Aber Lottes Mutter meinte stets, es pressiere nicht, sie kämen doch sehr gut miteinander zurecht. Die Kosten wären für alle viel niedriger, und solange Ursula so klein sei, wäre es viel praktischer in einer Wohnung. Also suchten sie nicht sonderlich angestrengt. Man müsste schon in der Nähe eine günstige finden.

Lotte beobachtete Toni fast etwas ängstlich, hatte stets Pläne für die Samstage und Sonntage, damit er keine Gelegenheit bekam, ins Grübeln zu verfallen, denn dass ihm die Familienabstinenz nicht leicht fiel, war ihr klar.

Und dann war da noch das Problem Weihnachten, das Familienfest schlechthin. Es rückte unerbittlich näher und weder Lotte noch Toni wussten so recht, wie sie sich nun Tonis Familie gegenüber verhalten sollten. Im Moment herrschte Funkstille. Aber – sollte man Geschenke kaufen? Sie auf dem Hof besuchen? Oder etwa nur eine Weihnachtskarte schreiben? Oder was?

Toni in seiner tiefen Gekränktheit wollte von der ganzen Sache nichts wissen. Lotte bedauerte vor allem, Oma und Opa nicht mehr sehen zu können, denn die hatten sich stets freundlich verhalten.

Auf die Schwiegereltern dagegen konnte sie gern verzichten, fand sie, und sprach dies auch aus, allerdings nur der Mutter gegenüber. Sie erledigten gemeinsam die Hausarbeit, Mutter kochte, Lotte bügelte einen Berg Wäsche.

»Ihr müsst euch zusammenreißen, Geschenke kaufen und die ganze Familie zu Weihnachten besuchen, als wäre es das Normalste von der Welt!«, forderte die Mutter zum nicht geringen Erstaunen Lottes.

»Was? Nach allem, was war?«

»Eben deshalb. Familie bleibt Familie. Man darf den Riss nicht noch tiefer werden lassen. Du warst Gott sei Dank klug genug, nicht klammheimlich zu verschwinden, als du ausgezogen bist, du hast dich manierlich verabschiedet. Das war schon mal sehr gut. Denk an die Ursula. Es sind nun mal ihre Großeltern und Urgroßeltern da draußen in Irzing. Die kann man der Kleinen nicht vorenthalten. Und außerdem ...« Lottes Mutter machte eine Pause, warf ihrer überraschten Tochter einen kurzen, prüfenden Blick zu und rührte wieder energisch in ihrem Gulaschtopf. »Außerdem kannst du nicht riskieren, dass dir der Toni irgendwann einmal, und sei es in ferner Zukunft, vorwirft, dass du schuld bist an einem totalen Zerwürfnis mit seinen Eltern. Sei gescheit, lass es nicht so weit kommen, Lotte. Er hängt doch sehr an seinen Eltern, auch wenn sie momentan bös aufeinander sind.«

»Mutti, weißt du eigentlich, was du da von mir verlangst?«

»Ja. Ich kann mir vorstellen, es wäre viel einfacher, ihnen nicht gegenübertreten zu müssen. Aber es wäre falsch. Versuch wenigstens die Form zu wahren, dem Toni und der Ursula zuliebe.«

»Wie kannst ausgerechnet du mir so einen Rat geben, Mutti?«

Sie seufzte. »Ja, weißt du, ich hab mich ein Leben lang gefragt, ob es richtig von mir war, dass du nach meiner Scheidung so gar keinen Kontakt mehr zu deinem Vater und deinen Großeltern und anderen Verwandten haben konntest. Das lag zum großen Teil an mir. Ich wollte nichts mehr mit denen zu tun haben. Aber vielleicht war das falsch.«

»Ach, Mutti, worum du dir Gedanken machst! Keiner von denen ist mir jemals abgegangen. Nicht einmal Vater. Er wollte nichts mehr von mir wissen, so ist es doch.«

»Hm. Hätten wir uns vernünftiger verhalten, statt nur zu streiten … Aber was soll's, daran ist heute nichts mehr zu ändern. Aber mach nicht meine Fehler, Lotte. Sieh zu, dass ein gewisses verwandtschaftliches Verhältnis bestehen bleibt, also besucht die Familie zu Weihnachten!«

»Und wenn sie uns rausschmeißen?«, fragte Lotte.

Ihre Mutter schüttelte den Kopf. »Ich bin überzeugt, das werden sie nicht. Ich glaube eher, sie sind froh, wenn ihr aufkreuzt. Möglichst am Tag, gut sichtbar für das ganze Dorf.«

»Wie kommst du denn darauf?«

»Ja, weißt du, Lotte, ich hatte neulich Besuch im

Gasthaus, euer Opa war wieder einmal auf ein Weißbier bei mir.«

»Der Opa? Was hat er gesagt?«

»Die Oma wünscht sich ganz sehnlichst, dass sie die Ursula wieder einmal sehen könnt, hat er gesagt. So viel Sehnsucht hat sie nach der Kleinen.«

»Ach!«

»Ja.«

»Na gut … Ich weiß aber nicht, was der Toni dazu sagen wird. Ach je, und was soll ich bloß für Geschenke besorgen?«

Darüber berieten sie eine ganze Weile. Am Abend überraschte Lotte ihren Mann mit einem sorgfältig verpackten Geschenk für seine Familie und der Frage, ob sie nicht am Nachmittag des Heiligen Abends, bevor die Eltern in den Stall mussten, dem Hof einen kurzen Besuch abstatten sollten.

»Nur für zehn Minuten. Der Oma und dem Opa zuliebe.«

Er überlegte lange. »Wenn du unbedingt meinst!«, antwortete er dann, ohne weiteren Kommentar.

Warm eingepackt wegen der unfreundlich nasskalten Witterung machten sie sich am Heiligen Abend auf den Weg. Nichts rührte sich, als sie in den Hof fuhren. Sie blieben minutenlang wortlos sitzen.

Lotte schaute zu Toni hin. »Also?«

»Wo wir schon einmal da sind …« Er gab sich sichtlich einen Ruck, stieg aus, holte Ursula aus dem Babysitz.

»Soll ich läuten?«, fragte Lotte unsicher.

»Ach nein, die Haustür ist bestimmt offen.« Mit Ursula auf dem Arm marschierte Toni voran, über den langen Hausgang, klopfte zwei Mal kurz an die Tür zur Wohnküche und trat ein. »Grüß Gott beieinander.«

Alle, Eltern, Großeltern und Robert, die bei der Brotzeit um den großen Tisch saßen, schauten sehr erstaunt und stumm zu ihnen hin.

Auch Lotte grüßte. »Wir wollen euch ein schönes Weihnachten wünschen.« Lotte stellte den großen Geschenkkarton Nürnberger Lebkuchen, mit Schleife und Karte, auf die Anrichte.

Robert hatte sich als erster von der Überraschung erholt. Er grinste, grüßte seinerseits.

Die Oma erhob sich flink von ihrem Stuhl. »Grüß euch Gott. Das ist aber schön, dass ihr gekommen seid! Und das Urselchen habt ihr mitgebracht!« Sie lief auf Toni und die Kleine zu, redete pausenlos. »Und wie sie gewachsen ist, mein Butzerl, hm, so groß bist du geworden und so rote Bäckchen hast du. Ich bin ja so froh, dass ich dich wieder einmal sehe. Geh, Toni, gib sie mir auf den Arm!«

Auch der Opa erhob sich, lächelte freundlich, während die Eltern ihre ernsten Gesichter behielten, sitzen blieben und nur gerade eben ein Grüß Gott murmelten. Oma machte weiter viel Aufhebens mit Ursula, trug sie herum, versuchte ihr ein Lächeln zu entlocken, ging mit ihr zu Tonis Eltern. »Na, Urselchen, kennst du uns noch, hm? Ja, natürlich, so schnell vergisst du uns nicht, gelt mein Butzerle?«

Die Oma redete mehr, als es Lotte jemals erlebt hatte, Robert und Opa beteiligten sich sporadisch an dem Gespräch über Ursula und dem Dank für das Geschenk. »Nürnberger Lebkuchen, sehr gut. Die werden Weihnachten nicht lang überleben!«, bemerkte Robert augenzwinkernd.

»Bierfahrer bist jetzt, gell Toni?«, fragte der Opa plötzlich laut. »Gefällt dir die Arbeit?«

»Ja. Man kommt viel herum und verdient sein Geld damit. Außerdem arbeitet Lotte wieder als Zahntechnikerin, halbtags.«

»Dann geht's euch ja ausgesprochen gut, nicht wahr?« Lottes Schwiegermutter sah unfreundlich von ihr zu Toni. Sie stand auf. »Und für uns ist es Zeit, in den Stall zu gehen.« Sie stellte die leeren Teller und Gläser zusammen und trug sie zur Spüle. Auch der Schwiegervater erhob sich. »Robert, auf geht's zur Stallarbeit!«, forderte er seinen älteren Sohn auf.

Der stöhnte laut. »Ich komm ja schon. Ein Sklavendasein ist das! Also Bruderherz, Schwägerin, ich wünsche euch auch schöne Weihnachten und ein gutes neues Jahr dazu.«

»Danke, euch auch. Geruhsame Feiertage, und alles Gute für das neue Jahr«, erwiderte Lotte.

Der Schwiegervater brummte kurz, aber vernehmlich »gleichfalls!«, nickte ihnen kurz zu und verließ die Wohnküche.

Die Schwiegermutter überlegte, setzte zum

Sprechen an, schloss den Mund wieder. Sie brachte ebenfalls ein kurzes »gleichfalls« hervor und ging. Robert als einziger verabschiedete sich mit einem lockeren »Pfüad euch Gott!«, bevor er zur Stallarbeit verschwand.

Die große Anspannung in Lotte ließ langsam nach. Sie atmete heimlich auf. »Ja, wir sollten dann wieder fahren, Toni.«

»Nein, nein, das kommt gar nicht in Frage, Lotte, Toni. Bleibt doch noch ein bisschen. Legt ab, macht es euch gemütlich«, forderte sie Oma auf. Sie packte die beiden am Arm, Opa schob ihnen Stühle hin, nötigte sie zum Hinsetzen.

»Erzählt mir genauer, wie es euch geht. Wer versorgt die Ursula, wenn ihr beide arbeitet?«

Sie berichteten, wie sie ihren Alltag mit Hilfe von Lottes Mutter organisiert hatten. Und obwohl Toni nicht danach fragte, erzählten ihm seine Großeltern ausführlich, wie es auf dem Hof lief und von den täglichen Vorkommnissen in Haus und Hof und im Dorf, seit er gegangen war. Danach verabschiedeten sie sich zu Omas Bedauern wirklich recht schnell. »Es tut mir ja so Leid, dass ich mein Butzerl, mein Urselchen, nicht mehr sehe. Ihr besucht uns doch bald wieder?«

Lotte schaute erst ihren Mann an, erwiderte dann: »Irgendwann kommen wir sicher wieder. Aber Oma, Opa, warum besucht ihr uns nicht? Ihr seid jederzeit herzlichst eingeladen.«

»Oh, Lotte, das werde ich wirklich tun. Ich besuche euch, ich finde eine Möglichkeit«, versprach die Oma, und der Opa nuschelte: »Ich auch. Ich glaube, ich muss wieder einmal zum Zahnarzt, meine Zähne sitzen halt von Haus aus schlecht.«

»Ja und dann bildest du dir ein, deine schlecht sitzenden Zähne würden durch eine Maß Weißbier besser, was?«, frotzelte ihn die Oma etwas aufgebracht. Trotzdem mussten sie alle lachen, und in dieser relativ entspannten Stimmung stiegen Lotte und Toni mit Ursula wieder ins Auto.

Toni warf einen langen Blick auf das verschlossene Stalltor, aus den Fenstern fiel der Lichtschein auf den Hof.

Er presste die Lippen zusammen und startete den Motor. Das junge Paar und die Großeltern winkten sich heftig zu, als das Auto langsam vom Hof auf die Straße rollte.

Toni sagte auf der Heimfahrt lange Zeit kein Wort. Lotte fragte sich bang, ob dieser Besuch eine gute Idee gewesen war.

Einige Tage später, an einem Sonntag, kurz nach Mittag, klingelte es bei Lotte und Toni. Zwei Minuten später standen Oma und Opa, in ihrem feinsten Sonntagsstaat, im Flur.

Lotte war tatsächlich überrascht. Sie hatte nicht ernsthaft mit dem Besuch gerechnet, denn Oma und Opa verließen den Hof äußerst selten, eigentlich nur zur Kirche, zu Hochzeiten, Beerdigungen und Arztbesuchen. »Oma, Opa! Wie seid ihr denn hergekommen?« Oma hatte nie den Führerschein gemacht, Opa fuhr seit Jahren nicht einmal mehr einen Traktor.

Die Oma lächelte. »Der Robert hat uns hergefahren. In zwei Stunden, hat er versprochen, holt er uns wieder ab. Das passt uns sehr gut!«, setzte sie, augenscheinlich äußerst zufrieden mit dieser Vereinbarung, hinzu.

Opa winkte ab. »Der Robert ist natürlich wieder einmal bei einer neuen Freundin. Seit ein paar Tagen hat er schon wieder eine andere. Ich weiß nicht, wo das noch hinführen soll, bei dem! Kaum hat man von der einen den Namen im Kopf, hat er wieder eine andere. Ich geb's auf, das sag ich euch!«

Lotte lächelte. »Typisch Robert, der Schwerenöter.« Sie bat ihre Gäste ins Wohnzimmer. »Er ist eben jung, der Robert!«, verteidigte sie ihren immer gut gelaunten, lebenslustigen Schwager.

Die Oma schnaubte entrüstet. »Der Toni ist ein gutes Jahr jünger als der Robert, aber um zehn Jahre reifer und vernünftiger. Auf den ist Verlass. Ich bin ja neugierig, ob er pünktlich kommt, um uns wieder abzuholen, der Robert. Wahrscheinlich vergisst er vor lauter Süßholz raspeln mit seiner neuen Freundin die Zeit, dann ist er zur Stallarbeit zu spät dran und der Babb und die Mam sind auf 180. Aber brauchst nicht meinen, dass das unserem Robert was ausmacht, dem Filou, dem.«

Opa berichtete schmunzelnd: »Ein Radio hat er im Kuhstall installiert, damit ihm bei der Stallarbeit nicht gar so langweilig ist, und wenn sie ihn schimpfen, weil er wieder zu spät gekommen ist, stellt er den Apparat recht laut ein und schreit: Ich versteh nix!«

Toni hatte mit wachsendem Erstaunen zugehört. »Ein Radio! Das haben die Eltern doch nie haben wollen!«

»Nein, begeistert waren sie nicht, das kannst du dir vorstellen. Am Anfang war es so: Der Robert hat das Radio im Stall aufgestellt und die Mam hat den ›Dudelkasten‹ gepackt und wieder hinausbefördert. Aber der Robert hat es jedesmal wieder hineingeholt und irgendwann ist es geblieben. Außerdem hat er einen Artikel, in dem stand, die Kühe geben mehr Milch bei schöner Musik, in der Landwirtschaftszeitung gefunden und den hat er rot umrandet und den Eltern hingelegt.«

»So?« Toni blieb ernst. »Ich hab ihnen das auch öfters gesagt, aber einverstanden waren sie trotzdem nicht, mit der Musik im Stall.«

Oma nahm Tonis Arm. »Aber Bub, einverstanden sind sie heute auch nicht. Aber das beirrt den Robert nicht. Der setzt seinen Kopf durch, und wenn der Babb und die Mam noch so wild schimpfen, du kennst ihn doch!« Sie lachte. »Neulich ist er den ganzen Tag mit den Ohrenschützern, die man beim Sägen mit der Kreissäge aufsetzt, herumgelaufen. Dabei hat er gar nicht gesägt. Ich hab ihn gefragt, was das denn zu bedeuten hätt', ob er gar Ohrenschmerzen hätt'. Und wie, Oma, hat er mir geantwortet. Der Babb und die Mam sind so schlecht aufgelegt heut', seit in der Früh tun sie nix wie schimpfen mit mir – und bloß weil ich aus Versehen den Riegel im Kälberlaufstall zum Zumachen vergessen hab. Na ja, es hat ein Weilchen gedauert, bis die sechs Viecherl wieder eingefangen waren. Zugegangen ist es im Stall, dass eine rasante Verbrecherjagd im Fernsehen nix dagegen ist, hat der Robert gesagt, und seitdem schimpfen sie mit ihm, dass der geduldigste Mensch Ohrenschmerzen kriegen muss. Bis am Abend die Stallarbeit vorbei war, hat er die Ohrenschützer angehabt und dann ist er davon mit dem Auto und erst lang nach Mitternacht wieder heimgekommen!«

»Und am nächsten Morgen hat er verschlafen!«, setzte Opa den Bericht über den ungebärdigen Enkel augenzwinkernd fort.

Toni grinste unwillkürlich ein wenig schadenfroh. Ein braver Sohn war Robert nie gewesen. Und in einem verborgenen Winkel seines Herzens wünschte er sich natürlich sehnlichst, die Eltern würden merken, was sie an ihm verloren hatten.

Lotte bewirtete die Oma mit Kaffee und Kuchen. Opa wünschte sich ein Weißbier und eine ordentliche Brotzeit mit Brot und Butter und einem schönen Stück Leberkäs, das wäre ihm am Nachmittag bedeutend lieber als das süße Zeug, ließ er wissen. Sie ratschten und Oma beschäftigte sich begeistert mit ihrer Urenkelin, von der Lotte erleichtert erzählen konnte, dass sie bei weitem nicht mehr so viel schrie, wie noch vor ein paar Wochen.

Es wurden für alle sehr kurzweilige zweieinhalb Stunden, denn Robert kam natürlich später als abgemacht, um seine Großeltern abzuholen.

Toni grinste seinen älteren Bruder spöttisch an.

»Ich hab schon davon gehört, dass du in unserem Kuhstall Cowboy gespielt hast!«

Robert verdrehte die Augen, lachte ungerührt, als hätte er eine Heldentat vollbracht. »Ha, das war eine Action, da war endlich was los in unserem langweiligen Kuhstall. Das hättest du sehen sollen: Die halbwüchsigen Kälber sind herumgesprungen, dass es eine wahre Freude war, und wir hinterher. Und die Kühe haben gebrüllt und eine hat sich vor Schreck losgerissen und die haben wir dann auch erst wieder einfangen müssen. Da kann ich aber gar nichts dafür, da war nur die alte, schlechte Kette daran schuld! Mein Gott, bin ich geschimpft worden. Weil weiß Gott was passieren hätte können und weil natürlich die Kühe an dem Tag durch die ganze Aufregung viel weniger Milch gegeben haben. Ich sage dir, der Teufel war los. Mir ist buchstäblich nichts anderes übrig geblieben, als deine alten Ohrenschützer aufzusetzen, sonst wäre ich glatt taub geworden!«, behauptete er allen Ernstes.

Toni schüttelte den Kopf. »Du leistest dir ja allerhand. Die armen Kühe.«

»Ach was. Die Kühe haben sich längst wieder beruhigt, mich solltest du bemitleiden. Bei jeder Gelegenheit wird mir die Geschichte vorgehalten und Jessas, zu spät heim kommen wir heut auch noch. Oma, Opa, auf geht's!«

Im Nu waren sie weg, nicht ohne einen baldigen weiteren Besuch zu versprechen. »Ich rufe vorher an!«, hatte die Oma gerufen, als sie in Roberts Auto einstieg.

Sie hielt ihr Versprechen, rief bald danach an. Im Laufe einiger Wochen bürgerte es sich ein, dass sie Lotte mindestens zweimal pro Woche am Abend, wenn die Schwiegereltern im Stall waren, antelefonierte und sich erkundigte, wie es ihnen denn ging. Dann hielten Lotte und Oma einen kleinen Ratsch. Oma berichtete detailliert über wichtige und unwichtige Vorkommnisse auf dem Hof, im Dorf und in der Verwandtschaft und Lotte ihrerseits. Es war wie eine Nachrichtenbörse, so dass sie beiderseits über alles Neue stets informiert waren.

Mindestens jede zweite Woche, meistens am Sonntag, ließen sich Oma und Opa zudem von Robert zu Toni und Lotte in die Wohnung fahren.

Lotte war anfangs gar nicht sicher, ob es für Toni gut oder eher schlecht wäre, ständig genau informiert zu werden, was auf dem elterlichen Hof alles passierte. Er hörte sich meistens alles kommentarlos an und sprach auch später, wenn sie wieder unter sich waren, nicht darüber. Aber als Oma eine Woche lang nichts von sich hören ließ, weil sie eine Erkältung erwischt hatte und vollkommen heiser war, wurde er unruhig, nahm selber das Telefon zur Hand und erkundigte sich während der Stallarbeitszeit beim Opa, wie es Oma ging, ob das Kalben der ersten Kühe gut gegangen wäre und ob der Babb endlich etwas gegen die vielen Quecken im oberen Feld unternommen hätte. Durch die Schwerhörigkeit Opas gestaltete sich das Gespräch etwas schwierig und Lotte war froh, als Oma wieder gesund war.

»Trotzdem, mir wäre eigentlich wohler, wenn er sich nicht so sehr für den Hof interessieren würde!«, gestand Lotte ihrer Mutter.

Die Mutter machte ein bedenkliches Gesicht. »Familie bleibt Familie. Und ich fürchte, …« Sie stockte und beendete nach einer Pause ihren angefangenen Satz mit den Worten: »… das musst du akzeptieren.« Was sie wirklich fürchtete, behielt sie für sich. Lotte war so glücklich über ihr neu gestaltetes Leben. Es funktionierte. Ursula gedieh prächtig, brabbelte ihre ersten, unverständlichen Silben. Toni wirkte recht zufrieden, als hätte er sich mit seinem neuen Dasein angefreundet.

An einem linden, hellen Tag Ende Februar, der schon das kommende Frühjahr ankündigte, erklärte er beim Abendessen: »Ich muss dir was sagen, Lotte.«

»Hm.« Lotte sah ihn an. Er druckste herum. »Also, es ist so …«

»Jetzt sag schon, was los ist!«

»Also, ich hab meinen Job hingeschmissen.«

»Was? Aber Toni, es war doch so ein Glück, dass dich die Firma nach der Aushilfe ganz übernehmen wollte. Darüber waren wir uns doch einig.«

»Ja, schon. Aber weißt du, ich hab eben was anderes gefunden.«

»Oh, was besseres?«

»Gewissermaßen. Ich hab ganz zufällig den Grafen getroffen, er braucht Leute für die Holzarbeit in seinem Wald.«

»Aha. Aber Toni, wie lange hast du denn da Arbeit? Das ist sicher nur für kürzere Zeit, oder?«

»Na ja, schon.« Toni stocherte in seiner Pasta. »Aber schließlich hab ich bereits so oft für ihn gearbeitet und wer weiß, vielleicht braucht er mich auch wieder im Kieswerk.«

»Vielleicht. Und sicher nur zeitweise und für weniger Lohn als beim Getränke ausfahren, nicht wahr?« Lotte war nicht begeistert.

»Ja und wenn? Dafür ist es im Holz interessanter als Getränke ausfahren – jede Woche dieselbe Tour. So einen Job krieg' ich jederzeit wieder, wenn ich will.«

Lotte überlegte, atmete ein paarmal tief durch. Dann gelang es ihr ruhig zu antworten: »Na gut, wenn es dir im Holz so viel besser gefällt …«

Toni grinste erleichtert und aß mit Appetit zu Ende.

Fröhlich pfeifend machte er sich von da an jeden Morgen auf den Weg zur Holzarbeit und kam oft erst verspätet nach Hause. Mal hatte er Überstunden gemacht, weil man das günstige Wetter ausnutzen müsste, mal hatte er einen alten Spezi getroffen, mal musste der Traktor von einem Kollegen, dem Sepplbauern, repariert werden. Lotte tröstete sich mit dem Gedanken, dass diese Arbeit nicht lange dauern würde. Danach gäbe es hoffentlich wieder eine Arbeit mit geregelter Arbeitszeit.

Als es so weit war, überraschte Toni sie mit der Ankündigung, er hätte über den Maschinenring ein Angebot als Betriebshelfer für einen Bauern, der einen schlimmen Unfall gehabt hatte. Der Hof liege etwa 30 km weit weg. Für vermutlich zwei oder drei Monate würde er seinen Ackerbau- und Schweinemastbetrieb nicht selber bearbeiten und führen könnten.

»Aber Toni! Eine Arbeit hier in der Stadt wäre viel weniger stressig. Außerdem, so viel verstehe ich inzwischen von der Landwirtschaft, jetzt im Frühjahr geht sich dieser Job niemals mit einem Acht-Stunden-Tag und einer Fünf-Tage-Woche aus. Und dazu die Fahrtzeiten – du wirst ewig nicht zu Hause sein!«, jammerte Lotte.

»Ach was, das wird halb so schlimm. Schweine müssen nur gefüttert und nicht gemolken werden wie die Kühe. Und es ist ein sehr moderner, voll mechanisierter Betrieb.«

»Sag mal«, fragte Lotte misstrauisch, »hast du schon zugesagt?«

Toni zog die Schultern hoch, wiegte den Kopf hin und her. »Na ja, mehr oder weniger.«

»Wozu zum Teufel reden wir dann überhaupt noch darüber?« Lotte war verärgert und hob hilflos die Arme.

»Du wirst sehen, ich richte es so ein, dass ich genauso oft daheim bin, als würde ich Getränke ausfahren!«, versprach Toni treuherzig.

An seinem ersten Arbeitstag kam er wirklich sehr pünktlich zurück, bestens gelaunt und begeistert von seinem Arbeitsplatz. »Ein nagelneuer Stall, voll automatisierte computergesteuerte Fütterung, einfach fabelhaft!«, schwärmte er, während er Lotte einen Kuss auf die Wange drückte. Lotte schnupperte an seinen Haaren. »Oh, pfui Teufel. Das ist vielleicht ein Odem!«

»Wirklich? Ich hab mich komplett umgezogen! … Na schön, ich geh duschen.«

Sein Versprechen, immer pünktlich zu Hause zu sein, konnte er nicht ganz einhalten. Dafür gelang es ihm an den Tagen, an denen wegen der Nässe keine Feldarbeit möglich war, tagsüber für seine Familie da zu sein. Er versuchte sich im Kochen, versorgte Ursula und machte Großeinkäufe im Supermarkt.

Und Lotte verzieh ihm alles und lobte ihn, er wäre ein perfekter Vater und Hausmann.

»Hm, ja. Du, Lotte …«

»Ja?«

»Also am Samstag, da muss ich wahrscheinlich aufs Feld, Mais anbauen. Bis dahin sind die Böden abgetrocknet.«

»Das hätt' ich mir ja denken können. Und am Sonntag? Sag bloß, du musst am Sonntag auch Mais anbauen? Bei euch Bauern wundert mich schon gar nichts mehr.«

»Mal sehen, wie weit ich am Samstag komme. Hör mal, warum begleitest du mich nicht? Die Ursula nehmen wir natürlich auch mit. Das Wetter soll sehr schön werden, der Hof liegt recht idyllisch am Dorfrand und es gibt dort drei Kinder, das jüngste zwei Jahre alt.

»Hm. Und was sagt die Familie dazu?«

»Kein Problem. Es sind sehr nette Leute.«

Lotte überlegte kurz und beschloss dann mitzukommen.

Tatsächlich wurde sie von der Bauernfamilie sehr herzlich aufgenommen. Der verunglückte Bauer war inzwischen daheim, aber noch nicht arbeitsfähig. Neben Toni half die ganze Familie mit, um den Betrieb am Laufen zu halten: Die junge Bäuerin, eine selbstbewusste, kräftige Frau mit rundem Gesicht und Lachfältchen in den Augenwinkeln, die zwei älteren Kinder mit zehn und zwölf Jahren und die Eltern des Bauern, die Ende der 60 sein mochten. Wie Lotte mit Neid beobachten konnte, schienen sich die Schwiegereltern und die Schwiegertochter prächtig zu verstehen. Sie wurde zum Mittagessen eingeladen und saß wieder einmal mit einer Großfamilie an einem Tisch.

Nach dem Essen jedoch verabschiedeten sich die Schwiegereltern. »Bis morgen dann«, sagte die Schwiegermutter, nachdem sie noch beim Aufräumen und dem Einrichten der Spülmaschine geholfen hatte. »Ich komme zehn Minuten vor zehn Uhr und passe auf die Kleine auf, während ihr zur Messe geht.«

»Ist gut, Mutter«, bestätigte die junge Bäuerin.

Als die Männer an ihre Arbeit und die Kinder zum Spielen nach draußen verschwunden waren, fragte Lotte neugierig: »Wohnen deine Schwiegereltern nicht im Haus?«

Die Bäuerin schüttelte lächelnd den Kopf. »Nein. Die wohnen im Austragshaus. Also eigentlich ist das Austragshaus das alte, kleinere Bauernhaus von früher, das ursprünglich einmal abgerissen werden sollte, aber dann haben wir es lieber gut renoviert. Wir Jungen wohnen im neuen Haus, das vor 20 Jahren von den Schwiegereltern gebaut worden ist. Aber gleich zu unserer Hochzeit sind sie in dem alten Haus wieder eingezogen. Sie kommen jeden Mittag zum Essen herüber, oft hilft mir meine Schwiegermutter auch beim Kochen und immer, wenn's nötig ist, wie jetzt, wo mein Mann krank ist. Der Schwiegervater arbeitet fest im Betrieb mit, das hilft uns sehr.«

»Und klappt das reibungslos bei euch?«

»Nicht immer total reibungslos, aber in der Regel doch recht gut. Mein Mann und sein Vater verstehen sich gut. Ich wüsste gar nicht, was wir gerade jetzt ohne die Schwiegereltern anfangen täten.«

»Hm. Beneidenswert.« Aus Lottes Stimme war deutlich zu hören, dass sie es tatsächlich beneidenswert fand.

Etwas zögernd meinte die junge Bäuerin: »Der Toni hat erzählt, ihr wohnt in der Stadt?«

»Ja. Bei uns hat es nämlich nicht geklappt«, brach es aus Lotte heraus. »Überhaupt nicht – meinetwegen. Weil ich eben keine richtige Bäuerin bin und nichts versteh von Ackerbau und Viehzucht, wie mir die Schwiegermutter vorgehalten hat.« Lotte endete bitter.

»Dafür hast du eine sehr gute Berufsausbildung als Zahntechnikerin, nicht wahr? Wenn sie gescheit wäre, deine Schwiegermutter, wäre sie dankbar dafür. Bei der schlechten Wirtschaftslage in der

Landwirtschaft ist eine Bäuerin, die außerlandwirtschaftlich mitverdienen kann, doch Gold wert. Ich kenne einige junge Bäuerinnen hier in der Gegend, die nach einem Job suchen und sogar in älteren Jahren noch zusätzliche Ausbildungen und Kurse absolvieren, schließlich werden heutzutage immer größere Höfe im Nebenerwerb geführt.«

Lotte seufzte. »Für meine Schwiegereltern ist einzig die Bauernarbeit wichtig und das Maß aller Dinge.«

»Ja? Ganz schön altmodisch. Dabei müssen sie, nach dem, was Toni erzählt hat, noch recht jung sein, nicht? Keine 50 Jahre alt?«

»Stimmt.«

»Das ist ein Problem. In dem Alter können sie sich nicht gut aufs Altenteil zurückziehen. Dafür bräuchte es keine junge Bäuerin auf dem Hof, oder? Wenn die Schwiegermutter fit genug ist?«

»Das ist sie!«, betonte Lotte. »Aber selbst wenn ich vom Hof aus jeden Tag zur Arbeit in die Stadt gefahren wäre, ich hatte so genug, ich hätte es einfach nicht mehr ausgehalten, das Zusammenleben in einer Großfamilie, drei, nein mit der Ursula vier Generationen unter demselben Dach, ohne ein bisschen Privatsphäre für den Toni und mich.«

»Das kann ich verstehen. Das würde bei uns auch nicht gut gehen. Ehrlich gesagt, ich hätte hier auf dem Hof nicht eingeheiratet, wenn mein Mann und ich nicht unser eigenes Haus gekriegt hätten!«

Verwunderung und Bewunderung gleichermaßen ließen Lotte die andere mit großen Augen ansehen. »Allen Ernstes? Du hast ein eigenes Haus zur Bedingung gemacht für die Hochzeit?«

»Klar. So sehr ich meinen Mann mag, direkt mit seinen Eltern zusammenleben, nein, das wäre nie in Frage gekommen. Wir haben mit der Hochzeit gewartet, bis das alte Haus renoviert und bewohnbar war. Und so gut ich mich mit meinen Schwiegereltern verstehe, wenn wir hier im Haus alle aufeinander hocken würden, dann wäre das Verhältnis zu ihnen längst nicht so harmonisch, da bin ich ganz sicher. Eine jede Generation hat eben ihre eigenen Ansichten und Vorlieben. Und was meinen Schwiegervater betrifft, da bin ich ganz schön froh, dass ich ihn kaum mehr als zum Mittagessen zu sehen bekomme. Ihm passt oft was nicht: Ich lasse den Kindern seiner Meinung nach zu viel Freiheit, sie sollen mehr mithelfen statt spielen und zum Baden fahren. Oder er brummt, weil sie zu viel Spielzeug haben, einen Computer, einen eigenen Fernseher, wo das alles doch Geld kostet! Und statt das Sauerkraut nach guter alter Art selber einzustampfen, kaufe ich es im Supermarkt in Dosen. Das regt ihn auch auf.«

Zu Lottes Erstaunen erzählte die Bäuerin noch einige Episoden, die sie stark an ihre eigenen Schwierigkeiten erinnerten. Sie konnte es gar nicht fassen. Andere junge Bäuerinnen hatten exakt die gleichen Probleme, sogar wenn sie, wie ihr Gegenüber, selber auf einem Bauernhof aufgewachsen waren und die landwirtschaftliche Berufsschule absolviert hatten.

Lotte dachte in der nächsten Zeit oft an ihr Gespräch mit der jungen Bäuerin vom Schweinemastbetrieb. Zum ersten Mal, seit sie Toni geheiratet und auf dem Hof gelebt hatte, stellte sie dieses Gefühl, total versagt zu haben und allein daran schuld zu sein, dass auch Toni den Hof verlassen hatte, in Frage. Aufgewühlt durch die Erzählungen der jungen Bäuerin merkte sie erst jetzt, wie sehr sie diese Schuldgefühle bedrückt hatten, auch wenn Toni nie ein Wort des Vorwurfs geäußert hatte. Sie fühlte sich erleichtert, wünschte sich glühend, diese Frau viel früher kennen gelernt zu haben, die schlicht ein eigenes Haus verlangt hatte, bevor sie in die Heirat einwilligte. Wenn sie, Lotte, so schlau gewesen wäre, diese Bedingung von Anfang an zu stellen, wäre es dann gut gegangen mit ihnen auf dem Hof? Eines Abends stellte Lotte diese Frage an Toni.

Toni zuckte die Schultern. »Erstens wären meine Eltern nicht darauf eingegangen und zweitens ist es inzwischen egal. Der Robert kriegt den Hof.«

»Und ich bin daran schuld!«, bekannte Lotte unglücklich. »Wo du so an der Bauernarbeit hängst!«

»Bauernarbeit kann man auch ohne einen eigenen Hof tun«, tröstete Toni sich und seine Frau gleichermaßen und nahm sie in die Arme.

»Ach Toni!« Lotte klammerte sich an ihn. »Du müsstest dich von mir scheiden lassen, dann käme zwischen dir und deinen Eltern sicher wieder alles in Ordnung.«

»So? Und dann? Soll ich vielleicht eine heiraten, die meine Mam mir aussucht? Nein, danke.«

»Aber nachgedacht, scheint mir, hast du schon darüber?«

»Natürlich. Aber nur ganz kurz und rein fiktiv. Ich hab mich für dich entschieden und dabei bleibt es. Kein Bauernhof ist es wert, dafür eine gute Ehe aufzugeben. Hat es nicht sogar einmal einen englischen König gegeben, der für seine Frau auf sein ganzes, riesiges Königreich verzichtet hat? Was ist dagegen schon ein Bauernhof in Niederbayern!«

»Ach Toni, du hängst aber an dem Hof, nicht wahr?« Erst langsam erkannte sie, wie sehr.

Aber Toni wehrte ab. »Es geht auch ohne, Hauptsache, wir haben uns. Denken wir an was anderes …«

»Zum Beispiel?«

»Na, zum Beispiel, dass wir eigentlich immer zwei Kinder haben wollten.«

Lotte lachte auf. »Daran denken nützt aber nichts.«

»Mh. Dann sollten wir etwas dafür tun!«, flüsterte Toni dicht an ihrem Ohr.

Ursula war bald ein Jahr alt, machte ihre ersten Gehversuche und konnte schon erste Worte sprechen. Oma schwärmte zu Hause begeistert von ihren Besuchen: »Sie kann Oma sagen! Und so groß ist sie schon. Und das G'sichtl – ganz der Toni. Sie schaut akkurat so aus wie der Toni als kleiner Bub. Und lachen kann die Kleine, ich sag es euch, so was Herziges!«

Mit schöner Regelmäßigkeit berichtete sie Lottes Schwiegereltern von Ursulas Fortschritten, von Tonis beruflichen Aktivitäten – er hatte sich derzeit einen Job in einer Gärtnerei gesucht – von Lotte und ihrer Mutter. Oma spielte, scheinbar völlig unbekümmert und ohne Hintergedanken, die Nachrichtenbörse zwischen den beiden Parteien. Obwohl Lotte und Toni nur zu Ostern auf Besuch waren, erfuhren die Schwiegereltern so von jedem neuen Zahn, der sich bei Ursula ankündigte, wie auch Lotte und Toni über alle landwirtschaftlichen und privaten Probleme informiert waren, die auf dem Hof auftraten.

Denn die Zusammenarbeit zwischen den Eltern und Robert gestaltete sich zunehmend schwieriger. Robert dachte nicht daran, seine Freizeitaktivitäten einzuschränken, nur weil auf dem Hof gerade sehr viel Arbeit bei der ersten Heuernte anfiel. »Und überhaupt«, erklärte er, als er Opa und Oma wieder einmal abholte, »dieses ewige, langweilige Rumkurven auf den Äckern und Wiesen geht mir auf den Geist. Auf und ab und rundherum, es ist immer dasselbe. Ich hab mir eine fabelhafte Stereoanlage im Traktor installiert, aber das hilft auf die Dauer auch nichts. Wie hält man das nur aus, Toni?«

Der schüttelte den Kopf. »Ich weiß gar nicht, was du meinst. Mir ist nie langweilig bei der Landarbeit. Wenn man sie richtig tun will, muss man aufpassen dabei und außerdem ist immer was los auf den Wiesen und Feldern. Man schaut sich die Pflanzen an, das Unkraut, gegen das man vorgehen muss, Vögel, Fasane, Hasen ...«

»Ja, ja, einen Hasen hab ich neulich auch hoppeln sehen. Aber sonst? Und dann schimpft er wieder mit mir, der Babb. Meine Herren! Stell dir vor, neulich hat er mir die Leviten gelesen, weil ich beim Heuen das Gras am Graben entlang und in den Senken liegen gelassen hab. Was kann ich dafür, dass der Heuwender das Gras in den Kuhlen drin eben nicht mehr erwischt?«

»Bruderherz, da nimmt man eine Gabel mit und zieht es eben aus den Senken heraus!«

»Ach, um Gottes Willen, das auch noch? Mit der Gabel? Mit der Hand arbeiten, wegen so ein paar Büschel Gras? Das ist doch die Anstrengung nicht wert!«

»Unser Babb schaut das anders an, mein ich!«

»Das kannst laut sagen. Losgeschickt hätte er mich, ich sollte dieses dumme Gras nachträglich ausbreiten und heuen, von Hand, stell dir vor! Aber Gott sei Dank hat es zu regnen angefangen und da ist es verfault, und damit war die Sache erledigt. Außer natürlich, dass er immer noch darüber lamentiert.«

Toni lachte. »Freue dich, Robert. Das nächste Heuen kommt bestimmt und da wird der Babb dann schon darauf aufpassen, dass du diesmal das Gras in den Kuhlen nicht übersiehst.«

»Na, Prost Mahlzeit! Aber ich denke gar nicht

daran, wegen der paar Grasbüschel eine Gabel in die Hand zu nehmen. Das verfault mir gut«, beendete Robert seine Tirade verärgert.

Toni musterte seinen Bruder fast bewundernd. »Ich traue es dir glatt zu. Du lässt dir nicht gern was sagen, hm?«

»Ach, es ist ja auch ein Kreuz mit den Eltern. Behandeln einen ewig wie einen dummen kleinen Schulbuben. Ständig wird einem was angeschafft und dann ist es hinterher nicht recht, wie man es getan hat, und selber hat man schon rein gar nichts zu melden!«, beschwerte er sich recht bitter. »Da war mein früherer Chef wahrlich leichter zu ertragen und der hatte auch seine Mucken!«

»Na ja, tröste dich, Robert, alle Väter und Chefs haben ihre Mucken, da kann man nichts machen!«

»So? Was hat der denn für Spinnereien drauf, dein neuer Chef?« Robert grinste schon wieder neugierig, ganz der alte, unbekümmerte Kerl mit nicht zu bändigender Lebensfreude.

Toni hatte seit vier Wochen einen neuen Chef. Nach einer weiteren Stelle als Betriebshelfer auf einem Hof, wo er teilweise halbe Nächte ausblieb, weil Kühe kalbten, hatte Lotte ihn eindringlich gebeten, wieder einen Job mit einer einigermaßen geregelten Arbeitszeit anzunehmen, er bekäme ja Ursula kaum noch zu sehen, außer wenn sie schlief. Toni sah das ein, suchte und fand eine Anstellung in einer Gärtnerei. Der Verdienst war nicht gerade üppig, aber Toni gefiel die Arbeit in den Gemüse- und Blumenfeldern. Der Gärtner hielt zudem einige Ziegen und das gefiel Toni noch mehr. Was machte es da aus, dass er nicht sonderlich gut verdiente? »Hauptsache, die Arbeit gefällt einem und man bekommt so viel, dass man davon leben kann. Was will man mehr?«

»Weißt du Mutti, mit dieser Einstellung kann ich leben«, überlegte Lotte laut bei einem dieser Gespräche mit ihrer Mutter, so von Frau zu Frau. »Ich verlange keine Reichtümer, keinen besonderen Luxus oder weite Reisen oder Brillanten, aber was ich mir wirklich wünsche ist, dass der Toni endlich einmal in einer Stellung bleibt.«

Lottes Mutter nähte einen Knopf an ein Kopfkissen, Lotte bügelte einen wahren Berg an Wäsche.

Der Kissenbezug war fertig. Lottes Mutter legte ihn in den Korb zurück und nahm einen Socken zur Hand, um ein kleines Loch an der Ferse zu stopfen. »Ich könnte mir vorstellen, dass dein Wunsch in Erfüllung geht. Eine Gärtnerei ist immerhin auch eine Art Landwirtschaft, also kann es durchaus sein, dass er es dort länger aushält.«

»Wie meinst du das?« Lotte sah ihre Mutter fragend an, hielt das Bügeleisen unschlüssig in der Luft.

»Aber Lotte! Das musst du doch inzwischen gecheckt haben: Der Toni wird nie treu und brav Tag für Tag in eine Fabrik oder ein Büro gehen. Er ist durch und durch ein Naturmensch, um nicht zu sagen, ein Bauer. Selbst das Lasterfahren hält er nur für ein paar Monate durch, dann hat er genug davon und will wieder mit Feldern und Tieren zu tun haben. Das muss dir inzwischen doch klar sein?«

Lotte schaute nur auf ihre Wäsche, fuhr emsig mit dem Bügeleisen hin und her. »Der Toni ist jung. Wenn es notwendig ist, kann er sich ändern. Und jetzt hat er ja seinen idealen Job gefunden.«

»Hoffen wir es!«, erwiderte die Mutter kurz.

Lotte erzählte eifrig: »Toni hat im hintersten Eck, in einem Schuppen der Gärtnerei, einen alten Bulldog gesehen, der seit Jahren nicht mehr funktioniert. Er sagt, er könnte ihn wieder zum Laufen bringen. Sein Chef fände das fabelhaft, sie könnten ihn noch gut gebrauchen.«

»Aha. Wann will er denn an dem Bulldog arbeiten? In der Arbeitszeit oder in der Freizeit?«

Die Frage erwies sich als durchaus berechtigt. Toni war so fasziniert von der selbst gestellten Aufgabe, das alte Ding wieder in Gang zu bringen, dass er beschloss, nach Arbeitsschluss weiter daran zu basteln. Lotte spazierte mit dem Kinderwagen in die Gärtnerei. Sie nahm es an diesen langen, sonnigen Frühsommertagen gelassen hin. Selbst als sie den Samstag mit Kind und Kegel und Decken in der Gärtnerei verbringen musste, weil Toni mit dem halbwüchsigen Sohn des Gärtners an dem alten Bulldog arbeitete, akzeptierte sie dies. Das Wetter war schön, die Rosen und Blumenbeete dufteten, also machte sie ein Picknick daraus. Sie ließ sich im Schatten einiger Fliedersträucher von der Sonne bräunen, Ursula spielte auf einem Sandhaufen und sie besuchten die Ziegen. Lotte fand, es wäre ein sehr angenehmer Samstag gewesen, und Toni stimmte fröhlich zu, von oben bis unten voller schwarzer Öl- und roter Rostflecke und mit schwarzen Händen: Der alte Bulldog hatte das erste, von stinkendem Rauch begleitete Motorgetucker von sich gegeben.

Zwei Wochen später glänzte der alte Bulldog in neuer leuchtend roter Lackierung und lief wieder wie geschmiert, so drückte Toni sich aus. Sein Chef bezahlte ihm die Überstunden und ließ ihn wissen, dass er sehr zufrieden mit ihm sei.

Toni strahlte und Lotte mit ihm.

Robert dagegen zog bei seinem nächsten Besuch, er brachte die Oma, ein finsteres Gesicht. Da er sich üblicherweise durch nichts seine sonnige Laune wirklich verderben ließ, fragte Lotte sofort: »Was ist denn los mit dir? Liebeskummer?«

»Wenn's weiter nix wär!«, antwortete er tragisch. »Es ist einfach so ein Kreuz mit daheim. Der Scheiß-Bauernhof!«, ereiferte er sich. »Nie kannst du tun, was du willst, weil du keine geregelte Freizeit hast wie die normale Menschheit, verdammt noch mal!«

»Um was geht's denn diesmal?«, wollte Toni wissen.

»Um Judo halt. Wir hätten Wettkämpfe auswärts, ich soll natürlich mit, weil ich einer der Besten vom Verein bin, und der Babb sagt knallhart nein, kommt nicht in Frage. Ständig ist was anderes: am Wochenende – Heu machen, Silieren, der

Raps soll bald gedroschen werden und und und .... Es ist zum Verrücktwerden!«

»Wenn du Bauer sein willst, musst du dich wohl oder übel daran gewöhnen!«, antwortete ihm Toni kühl. Er hatte sich nie darüber ausgelassen, dass Robert so ohne weiteres in seine Fußstapfen getreten war, aber weh getan hatte es ihm trotzdem, vermutete Lotte.

Die Oma ließ ihre Augen flink zwischen Robert und Toni hin und her wandern. »Der Hof ist schließlich wichtiger als dein Sport, Robert.«

»Ich hab' es mir nicht ausgesucht, das Bauerndasein«, quengelte Robert sauer. »Und ich lass' mich nicht vollständig auffressen von der Arbeit, das schwör ich euch, jawohl. Und jetzt geh' ich zum Training!« Er winkte ihnen zu und verschwand eiligst.

»Und wie geht's dir mit deinem Job, Toni? Immer noch zufrieden?«

»Sehr zufrieden, Oma.« Er erzählte vom Gemüseanbau, Ziegenbetreuen und Bulldogreparieren und bestätigte, das alles wäre sehr nach seinem Geschmack.

Oma nickte dazu, ein kleines Lächeln kräuselte ihre Lippen, aber ihre Augen blickten ernst und fast traurig, bemerkte Lotte. Sie hätte sich eigentlich mehr Begeisterung über Tonis neu gefundene Stellung erwartet, wo es doch ganz so aussah, als könnte es diesmal das Richtige für lange Zeit sein.

Am folgenden Montag, Lotte und Toni waren

beim Abendessen, klingelte es Sturm an der Wohnungstür.

»Schnell, Toni, sonst wird die Ursula wach!«, rief Lotte drängend.

Toni lief zur Gegensprechanlage. »Ja?«

»Oma!«

Toni öffnete. Die Oma kam eilig und außer Puste die Treppe herauf, seltsamerweise in einer ihrer werktäglichen Kittelschürzen statt im feinen Stadtkleid.

»Oma! Was ist jetzt wieder passiert?«

»Ach, Toni, ich sag es dir, der Teufel ist los«, brachte sie atemlos heraus.

»Komm erst mal rein, setz dich hin und beruhige dich.«

Er führte sie zu einem Stuhl, schenkte ihr ein Glas Apfelschorle ein, Lotte bot ihr was zu Essen an.

Oma trank einen Schluck, seufzte tief auf. »Ich sag's euch, der Teufel ist los bei uns daheim!«, wiederholte sie bekümmert.

Lotte und Toni sahen sich an. »Ist jemand krank?«, fragte Toni ängstlich.

»Nein. Nein, das Gott sei Dank nicht. Es ist – streiten tun sie, aber schon wie. Mein Lebtag lang hab ich so was noch nicht erlebt!« Sie schüttelte entsetzt den Kopf.

»Wer streitet?«

»Der Robert mit dem Babb und der Mam.«

»Aha!«

»Ja. Du kennst doch den Robert. Wenn der irgendetwas unbedingt will, tut er es auch. Der lässt sich von seinen Plänen nicht abbringen und schon gar nicht, wenn es um seinen Sport geht. Kurz und gut, er ist am Samstag in aller Herrgottsfrühe aus dem Haus und davon, zu den Wettkämpfen, von denen er erzählt hat, erinnert ihr euch?«

Lotte nickte. »Judo.«

»Und dabei haben die Eltern ausdrücklich bestimmt, er muss dableiben. Das Wetter hat gepasst und die Wintergerste war reif und schön trocken und sollte gedroschen werden. Und er ist einfach abgehauen!«, berichtete die Oma empört.

Toni zuckte die Achseln, insgeheim erleichtert, dass nichts Schlimmeres los war. »Da hat der Babb halt selber dreschen müssen!«

»Und die Getreidewagen selber zum Lagerhaus fahren und am Ende ist er deshalb nicht fertig geworden mit dem Dreschen und jetzt regnet es wieder!«

Toni antwortete nichts und Oma fuhr fort. »Heimgekommen ist er erst ganz spät, Montag war es da schon, um vier Uhr in der Früh. Da war er natürlich müde und wollt sich ausschlafen, aber der Babb hat ihn um fünfe aus dem Bett geholt und da ging es dann los. Angeschrien haben sie sich! Und du weißt ja, der Robert lässt sich einfach nichts sagen. Der hat zurückgebrüllt, er ist kein Sklave, der keinen Tag und keine Stunde darüber verfügen kann, was er tun darf, und die Scheißbauernarbeit geht ihm sowieso auf den Wecker, und er wird sich wieder einen Job in seinem Beruf als Elektriker suchen, damit er sich wieder wie ein normaler Mensch vorkommt. Überhaupt hätte er es endgültig satt, sich als erwachsener Mann Tag für Tag wie ein unmündiger Hanswurst behandeln zu lassen. Ich sag euch, es ist furchtbar. Den ganzen Tag ging das so weiter, eine Stimmung zum Davonlaufen.«

»Wo ist denn der Robert jetzt? Er hat dich doch hergebracht?«

»Nein, ich bin nicht mit dem Robert da. Der Nachbar ist zufällig in die Stadt rein und da bin ich schnell in sein Auto eingestiegen. Mein Gott, ich hab ja noch die Schürze an ...« Ganz entsetzt blickte sie an sich herab. »Aber ich hab es euch einfach erzählen müssen, weil ...« Sie stockte.

»Weil?«, fragte Toni.

»Weil, ... es wäre eben viel gescheiter, du wärst wieder daheim, Toni. Schau, der Robert, das ist kein Bauer mit dem Herzen und aus dem wird auch nie einer.«

Als hätte sie der Schlag getroffen, stieg die Angst in Lotte hoch. Mit angehaltenem Atem wartete sie auf Tonis Antwort.

Der überlegte kurz, mit ernstem, verkniffenem Gesicht. Dann schüttelte er entschieden den Kopf. »Ich bin nicht mehr im Spiel Oma. Sie wollten den Robert haben und nun müssen sie sich mit ihm zusammenraufen. Auch wenn momentan die Fetzen fliegen, die beruhigen sich schon wieder.«

Unglücklich fasste Oma nach der Hand ihres Enkels. »Toni, nein, das wird nie was Rechtes mit dem Robert als Bauer. Ich hab's ihnen gesagt, es war ein Fehler, dich gehen zu lassen.«

»Und?«, fragte Toni gepresst.

»Ich bin sicher, sie bedauern inzwischen, dass du gegangen bist, Toni. Schau, du müsstest halt gescheit sein und zurückkommen.«

»Nein!« Er lehnte sich angespannt zurück. »Nein, Oma, ich komme nicht nach Hause gekrochen. Ich mache euch auch nicht den Hanswurst, den man wegschicken und heimholen kann, wie es euch gerade einfällt. Außerdem falle ich dem Robert nicht in den Rücken. Wenn er will, kann er den Hof haben. Ich bringe meine Familie auch so durch. Ich hab jetzt eine sehr gute Stellung gefunden und die Lotte«, er nahm ihre Hand in seine, »lebt gern hier in der Stadt. Ich möchte ihr nicht mehr zumuten, mit den Eltern zusammenzuleben.«

Lotte atmete auf.

»Ach, Kinder, was soll bloß werden!«, rief die alte Frau verzweifelt die Hände ringend.

»Oma, das wird schon wieder«, versuchte Lotte ihr, unsäglich erleichtert, gut zuzureden. »Wirst sehen, der Robert mit seinem sonnigen Gemüt, der steckt das Geschimpfe von den Eltern weg wie nix, heiratet irgendwann die richtige Frau und alles ist in Butter!«

Die Oma schüttelte den Kopf. »Ich weiß nicht ...! Der und die richtige Frau heiraten! Der bleibt doch bei keiner! Nicht, dass ich nicht froh wäre darüber, wenn ich bedenke, mit was für welchen er sich bisher eingelassen hat. Als wenn da eine vernünftige Bäuerin dabei gewesen wäre!« Sie jammerte noch eine Weile weiter, beruhigte sich aber schließlich wieder ein wenig.

»Spät ist es geworden, Toni. Ich schau noch kurz zur Ursula hinein, dann musst du mich nach Hause fahren, gelt?«

Toni hob die Augenbrauen. »Ach so, ja, du bist allein da.« Er runzelte die Stirn. »Lotte, machst du das bitte, fährst du die Oma heim?«, flüsterte er Lotte leise zu, als Oma das Wohnzimmer verlassen hatte, um die schlafende Ursula zu sehen.

»Ich?«

»Ja, bitte, Lotte. Ich denke gar nicht daran, gerade heute, wo es Probleme gibt, dort aufzukreuzen. Kommt nicht in Frage. Wie sähe das denn aus? Als wollte ich mich anbiedern. Nein, das ist wirklich das Letzte, was mir einfallen täte!«

Oma war sichtlich enttäuscht, dass Lotte sie heimbringen würde, fand sich dann aber wohl oder übel damit ab.

Während der Fahrt durch eine regnerische Dunkelheit fragte sie: »Sag einmal, Lotte, könntest du dich wirklich gar nicht mit dem Landleben anfreunden? Es hat dabei bestimmt auch positive Seiten gegeben, oder?«

»Sicher, Oma. Aber du hast gehört, was der Toni gesagt hat. Die Frage stellt sich also nicht mehr für mich. Mein Gott, was für ein Wetter. Was sagt denn der Wetterbericht für die nächsten Tage, Oma?«, lenkte sie ab.

Und so unterhielten sie sich über das unverfängliche Thema Wetter, bis Lotte vor der Haustür anhielt. Sie stieg aus, bedankte sich. Opa guckte aus der Haustür, winkte.

Lotte winkte ebenfalls, rief beiden »Gute Nacht« zu und fuhr unverzüglich zurück in die Stadt.

Tatsächlich schienen sich die Gemüter auf dem Hof wieder zu beruhigen. Oma und Opa berichteten zumindest in der nächsten Woche von keinen weiteren außergewöhnlichen Vorfällen, nur vom Verlauf der Ernte, bei der Robert und der Vater nun scheinbar gut zusammenarbeiteten.

»Urlaub – endlich!«, seufzte Lotte erleichtert. In der letzen Woche war Tante Fanny zweimal zur Betreuung Ursulas eingesprungen, dreimal hatte Toni seine kleine Tochter mit in die Gärtnerei genommen, weil Lottes Mutter wie jedes Jahr für drei Wochen Urlaub in den Bayerischen Wald gereist war. Dort lebten die Verwandten ihres Vaters, Waldbauern und Betreiber eines kleinen Hotels, eine frühere Gaststätte mit Bauernwirtschaft. Nun wollten Toni und Lotte mit Ursula nachkommen.

»Der erste Urlaub meines Lebens! Ganze zehn Tage. Ich war noch nie länger als drei Tage am Stück von zu Hause weg!«, erzählte Toni und freute sich auf die neue Erfahrung.

Wandern, baden gehen, Museen, Wildparks und den Märchenwald besuchen: Die zehn Tage waren schnell vorbei. Letztlich schadete es nicht, denn Ursula wurde durch die ungewohnten Tagesabläufe und die ungewöhnliche Betriebsamkeit ihrer Eltern recht quengelig. Gemeinsam mit Lottes Mutter fuhren sie wieder nach Hause, zurück in den Alltag.

»Was meinst du, Toni, rufen wir die Oma in Irzing an, dass wir wieder da sind? Jetzt wär gerade noch die richtige Zeit.« Mit einem Blick auf die Uhr hatte Lotte festgestellt, dass die Schwiegereltern mit Sicherheit im Stall waren.

Toni ging selber ans Telefon, sprach mit der Oma. Nach einigen »Ja« und »Hm« runzelte er die Stirn. »Ja, gut, das geht.«

Bald darauf legte er nachdenklich den Hörer auf.

»Schon wieder Probleme?«

»Hm. Ich weiß es nicht. Sie hat uns viel zu erzählen, sagt sie, uns beiden und sie will am Mittwochabend kommen.«

»Oh Gott, was wird das wieder sein. Gute oder schlechte Nachrichten?«

Toni zuckte die Schultern. »Wichtig auf alle Fälle, unglaublich wichtig. Im Übrigen schöne Grüße und sie freut sich, dass wir wieder da sind. Hm. Allzu fröhlich hat sie sich allerdings nicht angehört.«

Oma und Opa greifen ein

Als die Oma drei Tage später ankam, begrüßte sie Toni und Lotte kurz, Ursula mit freundlichen Koseworten. Sie nahm sie auf den Arm. »Bist du schon groß und schwer geworden. Ach, Kinder, ich muss mich setzen.« Sie atmete stoßweise, wirkte abgespannt.

»Du bist doch nicht krank, Oma?« Toni musterte sie besorgt.

»Nein, das nicht – oder eigentlich doch. Die Hitze jetzt im Sommer macht mir zu schaffen und der Kummer. Ganz krank bin ich vor Kummer. Jetzt ist alles aus. Zu Ende geht's mit unserem Hof. Ich weiß wirklich nicht mehr, wie es noch weitergehen soll.« Die Worte stürzten aus ihr heraus.

Toni und Lotte sahen sich erschrocken an.

Toni fragte atemlos: »Ist der Babb krank oder die Mam?«

»Nein, niemand ist krank. Streiten tun sie schon wieder, der Robert und die Eltern!«

»Ach so!« Toni atmete erleichtert auf. »Das Übliche!«

»Nein, nicht nur wie üblich. Diesmal war es viel schlimmer! Der Robert hat sich wieder eine Anstellung als Elektriker gesucht!«

»Ach?«

»Ja! Er mag endgültig nicht mehr, hat er gesagt, und das mit der Stellung heimlich, still und leise abgemacht und uns dann vor vollendete Tatsachen gestellt!«

»Er mag nicht mehr, einfach so, ohne besonderen Anlass?«, wollte Lotte wissen.

»Natürlich war vorher wieder der Teufel los, wegen allem Möglichen. Wegen Geld zum Beispiel. Weil der Robert gern und viel ausgeht, und dazu braucht man Geld. Und der Babb hat ihm nicht sehr viel gegeben. Es war ihm auf die Dauer zu wenig. Und da hat er eine tolle Idee gehabt, der Robert. In der Quellwiese, die so viele nasse Senken hat, die für nix gut ist und nur recht umständlich zu heuen ist, wollte er Teiche ausbaggern lassen und die dann an Fischer und solche Leute verkaufen oder zumindest verpachten, damit Geld hereinkommt. Und er kennt Leute, die ganz scharf auf so ein Grundstück wären. Und außerdem hätte er Bekannte, die einen Platz suchen, um ihren Wohnwagen abzustellen. Und in unserer Maschinenhalle wäre Platz genug, wenn man nur wollte, hat er behauptet.« Sie machte eine Pause, sah Toni an. »Kannst du dir vorstellen, wie der Babb und die Mam reagiert haben?«

Toni lächelte traurig und spöttisch zugleich. »Und ob!«

»Es war schrecklich! Sie haben die Ideen vom Robert sofort verworfen: Die Maschinenhalle bräuchten wir für unsere Maschinen. Es ginge nicht, dass einem da ständig Wohnwagen im Weg stünden und fremde Leute herumliefen. Und was die Senken in der Wiese angeht, die würden aufgefüllt. Das Gras würde für die Kühe gebraucht und verkauft würde natürlich kein Meter. Schon gar nicht dafür, dass der Robert das Geld für seinen dummen Sport und sein Vergnügen verpulvern könne. Das haben sie zu ihm gesagt. Keine Woche später hat er ihnen verkündet, er hätte jetzt wieder einen Job als Elektriker, und den Bauernhof könnten sie sich an den Hut stecken, er jedenfalls wolle ihn nicht. So! Und was soll jetzt werden mit dem Hof, um Gottes Willen?«, klagte Oma verzweifelt.

Toni starrte sie reglos an, antwortete nicht.

»Toni!« Die Oma streckte die Hände nach ihm aus. »Toni! Zwei Buben im Haus und alle zwei laufen davon und lassen die Eltern allein mit der ganzen Arbeit. Das geht doch nicht!«

Lotte fragte: »Ist der Robert auch davongelaufen? Ich meine, wohnt er nicht mehr bei euch im Haus?«

»Er wohnt schon noch im Haus«, gab Oma zu. »Er hat auch erklärt, er hilft mit, wenn es unbedingt notwendig ist, so wie früher. Aber mit ihm als Jungbauer brauchen sie nicht zu rechnen. Er geht lieber zur Arbeit, und sein Judo und das Bergsteigen lässt er sich von niemand verbieten.«

»Na ja, er hilft mit, dann ist die Situation nicht so schlimm«, meinte Lotte.

Oma fuhr auf. »Nicht so schlimm? Aber Lotte, wie kannst du das sagen! Es geht um die Zukunft von unserem Hof. Toni, du warst immer der Richtige für den Hof, du musst zurückkommen.«

Toni antwortete noch immer nicht, obwohl ihn beide Frauen ängstlich anstarrten. Lotte dachte: Nein, um Gottes Willen, nicht noch einmal. Ich ertrüge es nicht!

Oma verstärkte ihre Bemühungen mit ihren gewichtigsten Argumenten. »Unser Hof braucht einen Nachfolger, Toni. Du musst ihn eines Tages übernehmen!«

Endlich ergriff Toni das Wort. »Eines Tages übernehmen – da ist weit hin, Oma, Jahrzehnte. Wer weiß, was bis dahin alles anders ist. Vielleicht gibt's dann eh gar keine Bauernhöfe wie den unseren mehr, sondern nur noch große Agrarfabriken.«

»Grund und Boden verlieren ihren Wert nicht, merk dir das, Bua!«, belehrte sie ihn erregt. »Und ich lass nicht zu, dass es auf unserem Hof, der seit ein paar hundert Jahren in meiner Familie ist, nicht weitergeht, nein!«, rief sie laut aus.

Lotte wunderte sich immer stärker über die Oma. Sie hatte nie erlebt, dass sie ihre Stimme erhob. Im Gegenteil. Sie pflegte bei Streitigkeiten höchstens ruhig zu schlichten oder von der Bildfläche zu verschwinden, bis sie vorüber waren. »Oma, so hab ich dich nie erlebt«, drückte Lotte ihr Erstaunen aus. »So viel bedeutet dir der Hof?«

»Es ist mein Hof, meine Heimat vom Tag meiner Geburt an, ich habe ihn von meinen Eltern übernommen.«

»Nicht der Hof vom Opa?«

»Nein, der Opa hat eingeheiratet bei uns. Ich hab' den Hof mit in die Ehe gebracht. Und mich ein Leben lang, wie meine Vorfahren zuvor, dafür abgerackert. Da kann ich nicht die Hände in den Schoß legen und zuschauen, wie ihr alles kaputtmacht, nur weil ihr es nicht fertigbringt, euch zu vertragen.«

Toni beugte sich erregt zu seiner Oma hin. »Wer ist denn daran schuld, dass wir uns nicht vertragen? Ich vielleicht oder gar Lotte? Wir haben alles versucht, es den Eltern recht zu machen, und nichts als Vorwürfe geerntet. Wir sind erwachsen und nicht nur dazu da, Handlanger und Laufburschen zu spielen. Selbst wenn ich wieder zurückkäme, du glaubst doch selber nicht, es würde sich etwas daran ändern?«

»Vielleicht doch, Toni. Die Eltern sind keine Unmenschen. Sie wollen auch nur das Beste für unseren Hof, das weißt du genau.«

»Ja. Aber das Wichtigste auf einem Hof sind die Menschen, die dort leben, nicht das Vieh und die Felder. Die Menschen und ihr Wohlergehen müssten vorgehen, finde ich. Und wie die Mam mit der Lotte manchmal umgesprungen ist, das war nicht richtig. Das hält keine Schwiegertochter aus. Und ich werde mich bestimmt nie von der Lotte scheiden lassen, das braucht sie sich nicht einbilden!«

Lotte fielen fast die Augen aus dem Kopf. »Scheiden lassen?«, keuchte sie entsetzt. »Was soll das heißen?«

Er winkte ab. »Das war so eine Idee von der Mam. Ich soll mich von dir scheiden lassen und eine andere heiraten, die besser auf einen Bauernhof passt. Nachdem wir nicht kirchlich verheiratet sind, wäre das sowieso kein Problem, hat sie gemeint.«

»Mein Gott!« Lotte wurden die Knie weich. Wäre sie nicht gesessen, sie hätte sich nicht auf ihren Beinen halten können. Sie schüttelte den Kopf. »Hat sie das wirklich so gesagt?«

»Ja.«

»Warum hast du mir das nie erzählt?«

Er zuckte die Schultern. »Weil es ein Schmarrn ist.« Er zog Lotte an sich. »Wir zwei bleiben zusammen, und wenn wir steinalt werden!«

»Oma, sag, hast du davon gewusst?«

Man merkte deutlich, dass sie nicht gern antwortete. »Ich hab' es mit angehört. Ach, es war nur eine dumme Bemerkung im Eifer des Gefechts. So was muss man ja nicht ernst nehmen, Lotte.« Sie tätschelte Lottes Hände.

Lotte erwiderte sinnend. »Ich wette, es war ihr todernst!«

»Nein, Lotte, du darfst das der Maria nicht übelnehmen. Inzwischen hat sie sicher eingesehen, dass ihr zwei zusammengehört. Und wenn ihr wiederkommt, wird alles anders!«, redete Oma begütigend auf die beiden ein.

Toni schüttelte traurig den Kopf. »Oma, das glaubst du doch selber nicht. Es wäre wieder alles ganz genauso schwierig wie gehabt!«

Die Türglocke unterbrach sie. Toni erhob sich. »Ich geh' aufmachen.«

Zwei Minuten später stand mit ihm Robert in

der Türe. »Also, wie steht's? Wann soll ich beim Umziehen helfen?«

Dumpf seufzend entgegnete ihm die Oma: »Er ..., sie wollen nicht, Robert.«

Robert zog die Augenbrauen hoch. »Nein?« Er musterte seinen Bruder. »Das hätte ich nicht gedacht. Wo du so ein eingefleischter Landwirt bist, Toni.«

Toni blitzte ihn empört an. »Deshalb mache ich noch lange nicht euren Hampelmann. Erst lass' ich mich wegjagen, weil mein lieber Bruder auch noch da ist, und als es mit dem lieben Robert nicht funktioniert, soll ich dankbar wieder angekrochen kommen? Nein, danke, ich lebe auch ohne Bauernhof sehr gut.«

»Oh!« Das Lächeln war aus Roberts sonniger Miene verschwunden. »Also Toni, wie soll ich dir das erklären, äh ...« Er stotterte, zog unbehaglich die Schultern hoch. »Also hör mal, Bruder, es tut mir Leid, ja? Ich bin da so hineingerutscht, weißt du. Arbeitslos und die Eltern haben mir zugeredet und so, da hab' ich es eben probiert mit der Landwirtschaft. Aber auf die Dauer ist das nix für mich, das weiß ich jetzt genau. Ich lass mich auszahlen und du hast von mir nichts mehr zu befürchten, das schwör ich dir!«

Toni sah ihn nur an.

»Ganz ehrlich, Toni. Du kannst den Hof haben.«

»Ich will ihn nicht«, schnappte Toni. »Meine Familie ist mir wichtiger.«

»Aber das lässt sich doch alles vernünftig regeln«, meinte Robert aufmunternd.

Toni schüttelte trotzig den Kopf. »Nein. Und überhaupt, sagt einmal ihr zwei«, er musterte abwechselnd die Oma und Robert, »wissen der Babb und die Mam, dass ihr hierher gekommen seid, um mich zum Heimkommen zu überreden?«

Die beiden sahen sich an. Robert zögerte. »Na ja, …«

Oma erwiderte: »Ich hab ihnen gesagt, dass ich zu euch fahre und dass es so nicht mehr weitergeht. Da können sie sich denken, wozu ich bei euch bin.«

Toni lachte bitter auf. »So hab' ich mir das vorgestellt, Nein. Unter den Umständen, nein.«

»Ach, Bua! Du kannst schließlich keine Entschuldigung von deinen Eltern erwarten. Du kennst sie doch, das brächten sie nicht über die Lippen. Aber ich weiß hundertprozentig, sie wären froh, wenn du und die Lotte zurückkämen. Überlegt es euch halt!«, schloss sie beschwörend und stand schwerfällig auf.

Lotte wie Toni wälzten sich in dieser Nacht schlaflos im Bett, und beide standen mit tiefen Ringen unter den Augen wieder auf.

Am Mittag fragte Lottes Mutter ihre sehr schweigsame Tochter: »Was ist los mit dir?«

Lotte seufzte tief und erzählte in wenigen dürren Worten, was geschehen war.

»Und der Toni hat klipp und klar nein gesagt?«

»Ja. Aber …, ach ich weiß auch nicht. Er hat die ganze Nacht nicht geschlafen.«

»Ein schöner Schlamassel!«, kommentierte die Mutter. »Ich muss los in die Arbeit. Schlaf ein paar Stunden am Nachmittag, Lotte, du hast es nötig.«

Am nächsten freien Tag kam die Mutter während der gemeinsamen Hausarbeit auf die Sache zurück. »Kannst du dir vorstellen, wer letzthin wieder einmal bei mir im Gasthaus war?« Sie wrang kräftig das Fensterleder aus.

»Nein. Wer?«

»Opa. Tonis Opa. Er wäre wegen seiner Schwerhörigkeit beim Doktor gewesen, hat er erzählt, sich ein Weißbier bestellt, mir einen Kaffee spendiert und mich aufgefordert, mich zu ihm zu setzen.« Sie rieb das Fenster kräftig ab.

»Ach! Was wollte er?« Lotte wischte den Staub von einer Madonnenfigur.

»Was schon. Er ist in derselben Mission wie vorher die Oma unterwegs gewesen, nur nicht ganz so direkt.«

»Was heißt das?«

»Na, dass der Toni eben auf den Hof zurück soll. Nur dass der schlaue alte Fuchs das nicht so direkt gesagt hat. Er hat mir von einem Bauernhof erzählt, der neulich verkauft worden ist, und betont, wie viel so ein Hof doch wert ist.« Lottes Mutter lachte vergnügt und bearbeitete den nächsten Fensterflügel.

»Und du meinst, das war Absicht? Bist du sicher, dass es nicht nur Geratsche war?«

»Ganz sicher. Ich hab natürlich getan, als könnte ich nicht bis drei zählen, nur immer ja und so, so, gesagt und da ist er am Ende etwas deutlicher geworden. Der Dallerhof ist auch eine Menge wert, hat er gemeint. Und selbst wenn die Landwirtschaft heute nicht viel einbringt, irgendwann in Zukunft wird es sicher wieder besser werden. Man weiß ja nie, was kommt. Eine gute Lebensversicherung für die Zukunft wäre ein Bauernhof auf alle Fälle. Einen Hof mit so viel Grund, sagt der Opa, gibt man nicht mir nichts dir nichts einfach auf, schon gar nicht, wenn man die besten Aussichten hat, ihn eines Tages zu erben.«

»Ach du liebe Zeit! Ich glaube, da macht er sich was vor, der Opa. Der Toni weiß ganz genau, wie schwierig es derzeit ist, mit einem Bauernhof zu überleben. Er hat mir einige Male gestanden, dass es mit einem regelmäßigen Lohn am Monatsende einfacher ist!«, erwiderte Lotte mit unverhohlener Genugtuung in der Stimme. »Deshalb verzichtet auch der Robert so leichten Herzens auf den Hof.«

»Hm.« Die Mutter warf einen langen Blick auf ihre Tochter, überlegte, sprach ruhig weiter. »Der Robert ist aber anders geartet als der Toni, das muss man dabei bedenken, finde ich. Außerdem, wenn ich den Opa richtig verstanden habe, wollte er anschließend zu Toni in die Gärtnerei. Hat er dir am Abend nichts von dem Besuch gesagt?«

Lotte schaute sehr überrascht drein. »Nein.« Nach einer Weile gab sie widerwillig zu: »Weißt du, wir reden nicht über diese Sache. Ich habe es ein paar Mal probiert, aber er will nichts davon wissen, er lenkt ab. Es ist eben entschieden und erledigt«, betonte Lotte und es hörte sich an, als wollte sie sich selber davon überzeugen.

»Meinst du wirklich?« Lottes Mutter machte eine Pause, rieb eine Scheibe trocken und redete dann weiter. »Wenn er nicht davon reden will, … vielleicht ist es ein Zeichen dafür, wie verletzt er ist und wie schwer ihm die Entscheidung gefallen ist?«

Lotte setzte sich auf eine Sessellehne. »Das hab ich mir auch überlegt. Aber«, sie erhob sich wieder und staubte weiter ab, »er steht zu seiner Entscheidung!«

»Hm.« Für einige Minuten arbeiteten sie beide schweigend weiter. Die Mutter schloss das Fenster, warf das Fensterleder in den Wassereimer. »Lotte?«

»Hm?«

»Und wenn er seine Entscheidung eines Tages bereut? Glaubst du nicht, das könnte leicht passieren?«

Lotte warf ihren Lappen hin. »Aber Mutti, ich tauge nicht zur Bäuerin. Ich habe es probiert. Es funktioniert nicht!«, rief sie.

Die Mutter wandte ein: »Müsstest du denn unbedingt Bäuerin spielen? Ich meine, ich hab gehört, heutzutage gibt es auch Bäuerinnen, die einem eigenen Beruf nachgehen, und der Mann und die Schwiegereltern machen die Arbeit auf dem Hof. Sie helfen höchstens mal mit, wenn Not am Mann ist. Und sie haben eigene Wohnungen und müssen nicht mit Schwiegereltern und Großeltern zusammen hausen.«

»Ja, bei anderen ist das so, das weiß ich auch. Aber auf dem Dallerhof ist es eben anders!«, entgegnete Lotte bitter.

»Inzwischen müsste deinen Schwiegereltern aber klar sein, dass es so nicht geht. Der Toni hat bewiesen, dass er ein ganzer Kerl ist und ohne sie sein Leben meistern kann. Ich finde, er könnte jetzt gewisse Forderungen stellen, wenn er dafür auf den Hof zurückkommt.«

»Aber er will darüber doch nicht einmal reden!«

»Dann musst eben du dir genau überlegen, wie es sein müsste, damit du es draußen in Irzing aushältst. Dann machst du ihm Vorschläge, zuhören wird er wohl.«

Trotzig wandte Lotte ein: »Und wenn er gar nicht hin will? Er ist ziemlich sauer auf seine Eltern, nach dem, was alles gelaufen ist. Du hättest miterleben sollen, wie wenig er gesagt hat bei den paar Besuchen draußen. Ohne die Ursula, Oma und Opa wären es die reinsten Katastrophen gewesen.«

»Aber wenn du, als der eigentliche Grund für die Probleme mit seinen Eltern, dich mit ihnen arrangieren kannst, dann wird er sich auch wieder mit ihnen vertragen!«

Lotte dachte darüber nach. »Ausgerechnet ich soll mich anstrengen, damit der Toni sich mit ihnen versöhnt und wieder auf den Hof zurückgeht? Weißt du eigentlich, was du da von mir verlangst?«

»Oh ja, das weiß ich. Aber du magst ihn, deinen Toni, oder? Du willst möglichst dein ganzes Leben mit ihm zusammenbleiben und du kennst ihn: Du weißt, woran ihm liegt.«

Lotte seufzte abgrundtief, musste sich setzen. »Ja. An der saublöden Landwirtschaft!«

Diplomatische Bemühungen

Lotte dachte viel und lange nach, wälzte Ideen und Pläne und verwarf sie wieder. Sie machte ein paar halbherzige Anläufe, mit Toni zu reden, und ließ wieder davon ab. Und als wollte man ihr die Sache besonders schwer machen, sprach niemand mit ihr über die anstehenden Probleme, nicht einmal Oma und Opa bei ihrem nächsten Besuch. Sie spielten mit Ursula, erzählten den neuesten Dorftratsch und weiter nichts.

Anfang Oktober, an einem schönen, sonnigen Sonntag, machten Toni und Lotte mit Ursula einen Radausflug. In einem kleinen Dorf, das sogar einen Spielplatz bot, rasteten sie auf einer der Bänke, während Ursula vor ihnen mit anderen Kleinkindern vergnügt herumtappte und schaukelte.

Toni gähnte.

Lotte legte ihren Arm um seinen Nacken, zog seinen Kopf an ihre Schulter. »Armer Schatz. Rechnest du morgen wieder mit Überstunden?«

»Und ob. In drei Wochen ist Allerheiligen und absolut alle Leute brauchen Kränze oder Gestecke fürs Grab. Unsere Floristinnen arbeiten wie verrückt und ich komme kaum nach damit, die Tannen- und Kiefernzweige und was sie sonst noch an

Immergrünem und Fruchtständen brauchen, heranzuschaffen. Du kannst dir gar nicht vorstellen, was für ein Supergeschäft Allerheiligen für die Gärtner ist.«

»Ich kann es mir vorstellen! Die Gestecke, Heidekraut und Stiefmütterchen sind massenhaft vor den Geschäften aufgebaut, sogar auf den Gehsteigen. Apropos Allerheiligen, was machen wir da?«

»Wir? Was meinst du damit?«

»Na, deine Familie hat ihr Grab auf dem Irzinger Dorffriedhof. Alle von der Familie gehen zu Allerheiligen hin, was machen wir beide?«

»Willst du da hin?«, fragte er erstaunt.

»Es geht nicht darum, ob ich das will. Oma und Opa nehmen es vielleicht übel, wenn wir nicht kommen …«

»Na schön, wenn du meinst …«

»Wenn ich meine! Du machst es dir ganz schön einfach. Manchmal wäre es sehr gut zu wissen, was du meinst oder möchtest oder dir wünschst.«

»Oh!« Er lächelte mit geschlossenen Augen, bettete seinen Kopf in ihren Schoß, dehnte sich wohlig in der Herbstsonne. »Ich wünsche mir nichts. Ich bin wunschlos glücklich.«

»Hm. Das glaube ich dir nicht, Toni!«, sagte Lotte ernst.

Er blinzelte zu ihr hinauf. »Wieso? Wir haben doch alles, was wir brauchen.«

»Ja. Aber du hast nicht alles, was du gern hättest, nicht wahr?«

»Wer hat schon alles, was er vielleicht gern hätte.«

Ursula rutschte von der Schaukel und fiel hin, guckte erstaunt. Noch bevor sie anfangen konnte, richtig zu schreien, war Toni bei ihr, hob sie auf, tröstete sie, spielte mit ihr. Aber Ursula fand es bald wieder interessanter mit den anderen kleinen Kindern zu spielen, als mit ihrem Vater.

Toni setzte sich wieder zu Lotte auf die Bank.

»Der Hof. Er bedeutet dir unglaublich viel, nicht wahr?«

Er zuckte die Schultern. »Du siehst doch, es geht auch ohne.«

»Sei verdammt noch mal ehrlich, Toni. Du wünscht dir in Wirklichkeit nichts mehr, als der Jungbauer auf dem Dallerhof zu sein, wie früher, oder?«

»Was soll's! Es hat eben nicht sollen sein.«

»Aber meinst du nicht, deine Eltern würden dich gerne wieder haben, nachdem Robert abgesprungen ist?«

Er lachte bitter auf. »Bis jetzt haben sie nichts dergleichen verlauten lassen. Und ich komme nicht bei ihnen angekrochen, das hab ich euch doch schon ein paarmal gesagt. Und überhaupt, was ist mit dir? Ohne dich geh ich nirgends hin, das ist dir hoffentlich klar, oder?«

»Ja.« Lotte lächelte, drückte seinen Arm. »Deshalb möchte ich, dass du weißt: Unter gewissen Umständen könnte ich mich damit abfinden, die Frau eines Bauern zu sein.«

»Aha?!«

»Ja. Es war in mancher Beziehung sehr schön, draußen auf dem Hof zu leben. In der Natur, an Wiesen und Wäldern und ein eigener großer Garten, sich jederzeit ganz frisches Gemüse und Obst holen … Obwohl, als ich den ersten Kohlrabi aus dem Garten genommen hab, bin ich von deiner Mutter verwarnt worden. Er hätte noch ein paar Tage wachsen sollen, hat sie gesagt und überhaupt, auf dem Beet wären auch zwei gesprungene, die müsste man zuerst verbrauchen. Und die Äpfel im Herbst – ich esse doch so gern saure Äpfel. Aber man durfte immer nur das Fallobst nehmen, wehe mir, ich hab' mir einen besonders schönen vom Baum gepflückt!« Lotte schüttelte den Kopf. »Verrückt eigentlich. Wo es so unglaublich viele schöne Äpfel gab, als erstes musste das Fallobst verwertet werden, dann waren da immer neue angefaulte, nie durfte man einen richtig schönen Apfel nehmen. Was meinst du, ob deine Mutter sich jemals getraut, einen wirklich schönen, einwandfreien Apfel zu verwerten?«

»Es ist halt ihre sparsame Art. Die schönen Äpfel halten noch.«

Lotte schüttelte den Kopf. »Irgendwie kommt es mir komisch vor. Aber wie auch immer: Unter gewissen Bedingungen könnten wir zurückgehen. Erstens: Ich bleibe bei meinem Beruf, helfe auf dem Hof nur, wenn es unbedingt notwendig ist. Zweitens möchte ich auf gar keinen Fall mehr mit deinen Eltern zusammenleben.«

»Wie stellst du dir das vor?«

»Es gibt so viele junge Bauernfamilien, die auf den Höfen ihre eigene Wohnung haben, warum soll das bei euch nicht möglich sein? Ich hoffe, deine Eltern denken inzwischen anders darüber. Und unsere Wohnung sollte möglichst nicht direkt in oder neben dem vorhandenen Wohnhaus ausgebaut werden.«

»Hm. Über den alten Garagen? Mit einer Terrasse nach hinten hinaus, wo man völlig ungestört wäre und sogar einen eignen Garten anlegen könnte?«, schlug Toni vor.

»Ach! Du hast also auch darüber nachgedacht, oder?«

»Ja, klar«, gab er unwirsch zu. »Aber was nützt es. Ich werde mich nicht anbiedern bei den Eltern. Sie müssten zu mir kommen und das passiert garantiert nie!«

»Das glaube ich allerdings auch«, stimmte Lotte zu und dachte bei sich: Aber ich weiß, wer nur allzu gern den Vermittler spielen wird. Denn dass sie selber bei den Schwiegereltern vorstellig werden sollte, das, fand sie, wäre denn doch, bei aller Liebe zu Toni, zu viel verlangt.

Also rief sie zum Wochenanfang Oma an und bat sie, am Mittwoch nach Mittag zu ihr in die Wohnung zu kommen. Es gäbe wirklich Wichtiges zu besprechen.

Oma erschien überpünktlich mit neugierig blinkenden Augen. Sie musste sich gedulden, bis Lottes Mutter zur Arbeit gegangen war und Ursula ihren Nachmittagsschlaf hielt. Dann saßen sich Lotte und Oma am Küchentisch gegenüber.

»Oma danke, dass du gekommen bist. Ich glaube, du kannst dir denken, worüber ich mit dir reden muss. Erst einmal würde mich interessieren: Sag, wollen die Schwiegereltern eigentlich, dass der Toni zurückgeht auf den Hof?«

»Aber Lotte, selbstverständlich. Sie hoffen tagtäglich darauf, dass er sich besinnt.«

»Haben sie das gesagt?«

»Öfters. Und was glaubst du, wie sie den Toni gelobt haben, seit der Robert versucht hat, ihn zu ersetzen. Der arme Kerl hatte nichts zu lachen, nichts hat er recht machen können und sich ständig anhören müssen, dass der Toni alles viel besser gekonnt hat. Richtig Leid hat er mir manchmal getan, der arme Robert. Einmal«, in Omas Augen blitzte es, »hat ihm die Mam wörtlich vorgehalten: Das kann ja sogar die Lotte noch besser als du!« Oma überlief eine leichte Röte, als ihr die Zweischneidigkeit dieser Bemerkung bewusst wurde. Sie fuhr schnell fort: »Und weißt du, was sie den Leuten im Dorf erzählen? So quasi, dass der Toni die Aushilfsjobs als Betriebshelfer und jetzt als Gärtner deshalb macht, damit er was dazulernt. Weil man als Bauer heutzutage gar nicht genug Wissen und Erfahrungen haben kann, damit man durchkommt.« Oma nickte bekräftigend. »Kein Wort davon, dass es je einen Streit gegeben hätte.«

»Ach, glauben das denn die Leute im Dorf?«

»So ganz wohl nicht. Die Babette hat sicher einiges von unseren Problemen mitgekriegt und weitererzählt. Aber immerhin, offiziell ist alles in Ordnung. Die Babette hat erst kürzlich einmal den Robert als Juniorbauern tituliert, da hättest du die Mam hören sollen: Wir haben Glück, hat sie gesagt, bei uns interessieren sich beide Buben für die Landwirtschaft.«

»Hm.« Lotte überlegte stirnrunzelnd. »Gut. Sie wollen im Grunde genommen den Toni also wiederhaben. Der Toni will den Hof eigentlich auch, aber Oma, da liegt das Problem: Keiner will den ersten Schritt zur Versöhnung tun. Außerdem gibt es da ein paar Bedingungen, damit wir wieder zurückkommen.«

Lotte erläuterte sie und fügte am Ende hinzu: »Oma, ich habe gehofft, du würdest das an die Schwiegereltern vermitteln?« Sie blickte die alte Frau bittend an.

Die Oma antwortete eifrig: »Aber natürlich, Lotte. Ich werde es ihnen schon klar machen. Ich könnte nicht in Frieden sterben, wenn die Sache mit dem Toni und der Hofnachfolge nicht geregelt wäre.«

»Oma«, rief Lotte sehr erschrocken. »Geht's dir nicht gut?«

»Mir geht's gut, seit heute geht's mir immer besser. Aber in meinen Jahren denkt man halt auch öfters ans Abtreten. Und da will ich vorher schon noch erleben, dass es ordentlich weitergeht mit unserem Hof.« Sie drückte kräftig Lottes Hände. »Du kannst dich auf mich verlassen, Lotte, ich werde die Sache ganz diplomatisch angehen und in Ordnung bringen. Wir zwei halten fest zusammen und zeigen den Dickschädeln den rechten Weg, dann renkt sich alles wieder ein.« Sie hielten sich an den Händen und lächelten sich verschwörerisch zu.

Ein versöhnliches Ende

Es war klamm und kalt am Morgen des Allerheiligentages, die Sonne unsichtbar über dichtem Hochnebel.

Im Friedhof rund um die Kirche in Irzing standen viele dunkel gekleidete Menschen, als Toni und Lotte dort ankamen. Sie wurden auf ihrem Weg zum Familiengrab von allen Seiten angerufen und gegrüßt. Die Großeltern, die Eltern und Robert standen mit feierlicher Miene davor.

Oma bemerkte sie zuerst, drückte ihnen die Hände. »Da seid ihr ja endlich. Und so ein schönes Gesteck hast du dabei, Lotte. Das legen wir gleich aufs Grab.« Sie nahm ihr das Gesteck ab. Toni und Lotte begrüßten die Eltern, die laut und deutlich mit »Grüß euch Gott!« antworteten und dabei, oh Wunder!, fand Lotte, ein freundliches Lächeln zeigten, wie auch Opa und Robert. Danach stand die ganze Familie in feierlichem Schweigen vor dem Grab, Lotte und Toni zwischen den Eltern auf der einen Seite und Oma und Opa auf der anderen.

Lotte bemerkte wohl die vielen neugierigen Blicke, die ihnen von den Dorfleuten zugeworfen wurden. Die Schwiegermutter ebenso. Sie richtete sich stolz auf. Lotte lächelte in sich hinein. Natürlich. Welch eine Genugtuung, auf diese Weise das ganze Dorf wissen zu lassen, dass bei den Dallers alles in schönster Ordnung wäre.

Opa bückte sich, sprengte Weihwasser, zwinkerte Toni und Lotte zu und ging in die Kirche, die an diesem besonderen Tag voll war wie selten.

Lotte wollte sich in den hinteren Bänken der Kirche einen Platz suchen, aber Oma winkte ihr, mit vorzukommen, in den angestammten Familienstuhl auf der Frauenseite.

Lotte schüttelte den Kopf. Da streckte die Schwiegermutter die Hand aus und zog Lotte mit nach vorne.

Lotte war total verblüfft.

Sie drehte den Kopf nach rechts, wo traditionsgemäß die Männer saßen. Auch Toni nahm neben Opa, dem Vater und Robert den angestammten Platz ein.

Oma, dachte Lotte, musste sehr gute Vorarbeit geleistet haben!

Nach der Messe eilte es der Familie gar nicht, nach Hause zu gehen. Man blieb bei diesen und jenen Nachbarn stehen, um ein wenig zu ratschen, Toni unterhielt sich mit alten Freunden aus dem Dorf. Sowohl die Oma wie die Schwiegermutter waren darauf bedacht, sie, Lotte, in die Gespräche mit einzubeziehen.

Grüppchenweise verließen die Leute den Friedhof und den Dorfplatz davor. Auch die Dallers machten sich auf den Weg zurück zum Hof.

»Wo steht denn euer Auto?«, fragte Oma und sah sich um.

»Bei euch im Hof natürlich!«, antwortete Lotte lächelnd.

»Gut«, bemerkte die Schwiegermutter. »So gehört es sich auch. Damit die Leute nichts zu reden haben.«

Lotte hätte beinahe deutlich sichtbar den Kopf geschüttelt. Sie und Toni sehen sich kurz an, lächelten sich verstohlen zu.

Als sie durch das breite, offene Tor in den Hofraum einbogen, fragte die Schwiegermutter: »Ihr bleibt doch zum Essen, oder?«

Lotte suchte den Blick Tonis. »Oh, eigentlich …«

Da warf der Schwiegervater bestimmend ein: »Natürlich bleibt ihr zum Essen. Es gibt schließlich eine Menge zu bereden. So einfach ist das nicht, eine Wohnung auf dem Hof auszubauen, wo vorher nur Wirtschaftsgebäude waren. Das muss gründlich überlegt und geplant werden.«

Er und die Schwiegermutter verschwanden im Haus, ohne sich um eine etwaige Reaktion von Toni oder Lotte auf diese Ankündigung hin zu kümmern. Der Opa blinzelte ihnen aufmunternd zu, bevor er ebenfalls ins Haus ging.

»Na?« Oma lächelte sie breit und glücklich an. »Wie hab ich das gemacht? Der Babb und die Mam sind einverstanden: Ihr bekommt eure eigene Wohnung auf dem Hof. Sogar über die finanzielle Seite der Angelegenheit haben wir uns bereits Gedanken gemacht. Mit viel Eigenleistung, wenn wir alle zusammenhelfen, schaffen wir es.« Sie nahm beide am Arm. »Und der Opa und ich, wir haben auch ein bißerl ein Geld auf der Seite!«, flüsterte sie verschwörerisch.

»Und die andere hauptsächliche Bedingung?« Toni nahm Lottes Hand. Sie blieben vor der Haustüre stehen. »Lotte arbeitet nicht mit im Kuhstall. Sie bleibt in ihrem Beruf.«

»Ja, ja, damit sind sie auch einverstanden. Ich hab ihnen klar gemacht, dass sie dabei sehr gut verdient. Kommt herein jetzt.« Oma hielt einladend die Türe offen. »Es ist nass und kalt hier draußen, bei dem Nebel.«

Toni sah in den Himmel. »Nicht mehr lange, Oma. Schau, der Nebel steigt auf. Dort oben kommt die Sonne schon als hellerer Punkt durch die Nebeldecke. In einer Stunde haben wir den schönsten Sonnenschein.«

Lotte machte den ersten Schritt in den Hausflur. »Komm.« Nach einem langen Blick in ihre Augen trat er ebenfalls über die Schwelle.

Sie legten ihre dunklen Mäntel ab und wurden von Oma in die Wohnküche geführt. Die ganze Familie war versammelt.

Die Schwiegermutter hatte eben das Rohr geöffnet und begoss einen großen Braten mit Brühe.

Lotte holte tief Luft. »Hm. Der riecht aber gut.«

»Kein Wunder. Es ist ja auch ein Kalbsnierenbraten«, erklärte Robert spöttisch »Wir haben diese Woche ein Kalb geschlachtet.«

»Aha.« Lotte nickte, ohne der Bemerkung eine tiefere Bedeutung beizumessen.

»Ja. Wie in der Bibel, versteht ihr?«, erklärte Robert grinsend.

Die Schwiegermutter blickte Robert strafend an, schüttelte den Kopf. »Was du immer daherredest! Der Gefrierschrank war halt leer und da haben wir geschlachtet.« Sie drehte sich zum Herd und rührte eifrig in irgendwelchen blubbernden Töpfen. Der Schwiegervater blätterte in der Bauernzeitung.

Oma rückte Stühle vom Tisch, forderte auf: »Setzt euch doch, Lotte, Toni.«

Toni blieb stehen, räusperte sich. »Erst muss ich noch was sagen.« Es klang fast ein wenig aggressiv. »Die Lotte und ich, wir heiraten in drei Wochen in der Kirche.«

Alle sahen stumm zu ihnen hin, sogar die Schwiegermutter drehte sich am Herd um. »Wird ja auch Zeit dazu!«, brummte sie kurz und hob aufjammernd einen Deckel, als der Topf mit den Spiralnudeln zischend überkochte.

Lotte flüsterte Toni leise zu: »Davon weiß ich ja gar nichts!«

Er flüsterte zurück: »Jetzt weißt du's!«, und fing an, fröhlich zu grinsen.